上海市“十二五”重点图书

2014 上海交通港航行业发展报告

（下册）

上海市交通港航发展研究中心 编

上海浦江教育出版社

图书在版编目(CIP)数据

2014 上海交通港航行业发展报告：全 2 册／上海市交通港航发展研究中心编. —上海：上海浦江教育出版社有限公司，2014.9
(国际航运中心建设前沿丛书／於世成主编)
ISBN 978-7-81121-360-7

Ⅰ. ①2… Ⅱ. ①下… Ⅲ. ①港口—交通运输业—研究报告—上海市—2014 Ⅳ. ①F552.751

中国版本图书馆 CIP 数据核字(2014)第 187667 号

上海浦江教育出版社出版
社址：上海海港大道 1550 号上海海事大学校内　邮政编码：201306
电话：(021)38284910/12(发行)　38284923(总编室)　38284910(传真)
E-mail：cbs@shmtu.edu.cn　URL：http://www.pujiangpress.cn
上海双宁印刷有限公司印装　上海浦江教育出版社发行
幅面尺寸：210 mm×285 mm　印张：6.125　字数：131 千字
2014 年 9 月第 1 版　2014 年 9 月第 1 次印刷
策划编辑：楼　进　责任编辑：丁　慧　封面设计：孔庆虎
定价：580.00 元

编　委　会

编　写　组

顾　　问　安呈瑶　茅伯科

主　　编　施　勇

副 主 编　陈文彬

主要成员　操志强　张明香　赵梓卿　丁桂花　吴　静　杨　颖

主管单位 上海市交通委员会

主编单位 上海市交通港航发展研究中心

参编单位（排序不分先后）

上海港港政管理中心

上海市航务管理处

上海港码头管理中心

上海港建设工程安全质量监督站

上海港引航管理站

中国船级社上海分社

中国港口协会（港口杂志社）

中国海事仲裁委员会上海分会

上海国际港务（集团）股份有限公司

中远集装箱运输有限公司

中国海运（集团）总公司

上海同盛投资（集团）有限公司

上海市轮渡公司

上海航运运价交易有限公司

中国（上海）自由贸易试验区管委会

上海组合港管委会办公室

上海市口岸服务办公室

上海市金融服务办公室

交通运输部长江口航道管理局

交通运输部东海救助局

交通运输部上海打捞局

上海海事局

上海航运交易所

上海海事法院

上海国际航运仲裁院

中联理货上海分公司

上海吴淞口国际邮轮港发展有限公司

上海国际航运研究中心

目　录

第一章 综述

一、宏观经济环境分析与国际航运市场概况

（一）国内外宏观经济与贸易环境

1. 世界经济格局错综复杂，全球经济复苏缺失重要助推力量，工业生产和贸易疲弱

2013 年，世界经济从金融危机中艰难恢复。主要发达经济体仍受债务危机困扰，政府债务风险上升，失业率居高不下，走出衰退的步伐缓慢；美日经济继续复苏，欧元区出现转机。新兴经济体增速低位运行，巴西和南非表现抢眼。以中国、印度、巴西为代表的新兴经济体面临不断恶化的外部出口环境，经济增长从高点回落。各国自身深层次的结构性矛盾凸显，新兴经济体和发展中国家经济增速继续放缓。全球贸易增速平稳，世界贸易总额达到 23.16 万亿美元，较 2012 年增加 7 400 亿美元。发达国家进口量增长 1.4%，比 2012 年加快 0.4 个百分点；发展中国家进口量增长 5.3%，比 2012 年放缓 0.4 个百分点。东亚地区出口呈明显下降态势。

世界经济格局悄然变化。发达经济体内部以及新兴经济体内部分化继续扩大。2013 年，美国经济增长 1.9%，比 2012 年放缓 0.9 个百分点，美国经济继续温和复苏、进入持续复苏轨道，量化宽松政策迎来转折点。日本经济增长 1.6%，比 2012 年加快 0.2 个百分点。欧元区经济下降 0.4%，降幅比 2012 年扩大 0.2 个百分点，艰难摆脱衰退。俄罗斯、印度和南非经济分别增长 1.6%，4.7% 和 1.9%，增速分别比 2012 年放缓 1.9，0.3 和 0.6 个百分点。巴西经济增长 2.4%，比 2012 年加快 1.4 个百分点。日本受货币和财政“猛药”刺激，经济复苏加快，达 1.6%。

2. 我国经济运行总体稳中有升，外贸进出口增速持续走低，港航总体保持平稳但增速放缓

2013 年我国经济运行总体平稳，稳中有进，稳中向好。据国家统计局发布的数据，2013 年国内生产总值为 568 845 亿元，按可比价格计算，比 2012 年增长 7.7%，增速与 2012 年持平（见图 1－1）。第一产业增加值 56 957 亿元，较 2012 年增长 4.0%；第二产业增加值 249 684 亿元，增长 7.8%；第三产业增加值 262 204 亿元，增长 8.3%，第三产业增加值占比首次超过第二产业。

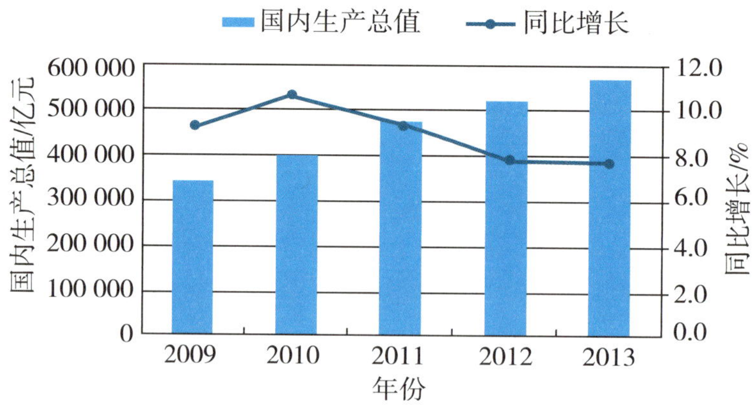

图 1－1　2009—2013 年全国国内生产总值及其同比增长

全年进出口总值 25.83 万亿元人民币(折合 4.16 万亿美元),同比增长 6.2%,扣除汇率因素同比增长 7.6%,比 2012 年提高 1.4 个百分点,年度进出口总值首次突破 4 万亿美元(见图 1－2)。2009—2013 年全国货物进出口总额逐年上升(见图 1－3)。2013 年,欧盟、美国、东盟、中国香港和日本为中国大陆前五大贸易伙伴。其中,对欧盟、美国的双边贸易额分别为 5 590.6 亿美元、5 210 亿美元,同比分别增长 2.1% 和 7.5%;对日本的双边贸易额为 3 125.5 亿美元,同比下降 5.1%;欧美日占比 33.5%,同比下滑 1.7 个百分点。同期,我国对东盟、南非、中亚五国等新兴市场国家双边贸易额分别为 4 436.1 亿美元、651.5 亿美元和 502.8 亿美元,同比分别增长 10.9%,8.6% 和 9.4%。此外,中国大陆对中国香港的双边贸易额为 4 010.1 亿美元,同比增长 17.5%。

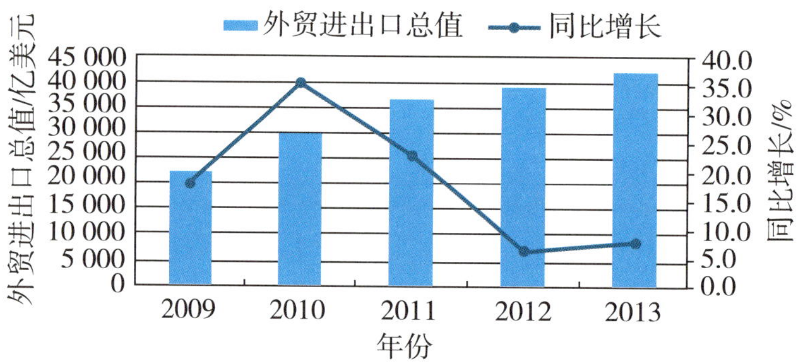

图 1－2　2009—2013 年全国外贸进出口总值及其同比增长

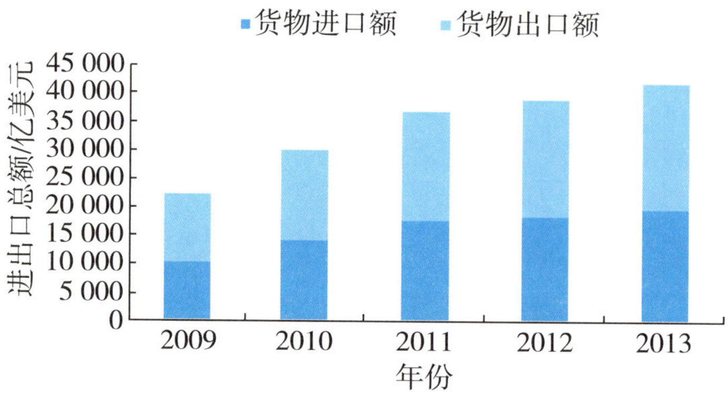

图 1－3　2009—2013 年全国货物进出口总额

2013 年,我国交通运输系统深入贯彻落实中央稳增长、调结构、促改革的决策部署,稳中求进,交通港航行业发展总体稳中向好。港口生产总体情况较 2012 年有所好转,吞吐量增速有所加快。全国规模以上港口完成货物吞吐量 106.1 亿 t,同比增长 8.5%,但低于 2009—2012 年 11.8% 的平均增速。其中沿海港口完成 72.75 亿 t,同比增长 9.8%;内河港口完成 33.35 亿 t,同比增长 8.3%。

2013 年全国规模以上港口完成集装箱吞吐量 18 877 万 TEU,同比增长 6.7%。其中沿海港口完成 16 861 万 TEU,同比增长 7.07%;内河港口完成 2 016 万 TEU,同比增长 4.56%。

全年货物运输总量 451 亿 t,比 2012 年增长 9.9%。货物运输周转量 186 478 亿 t · km,增长7.3%。据交通运输部统计公报显示,2013 年水路货运量 55.98 亿 t(见图 1 - 4),货物周转量79 435.65 亿 t · km,按可比口径比 2012 年分别增长 10.4% 和 4.8%,平均运距 1 419.04 km。港口外贸货物生产作业形势逐步好转,外贸货物吞吐量33.1 亿 t,同比增长 9.2%。

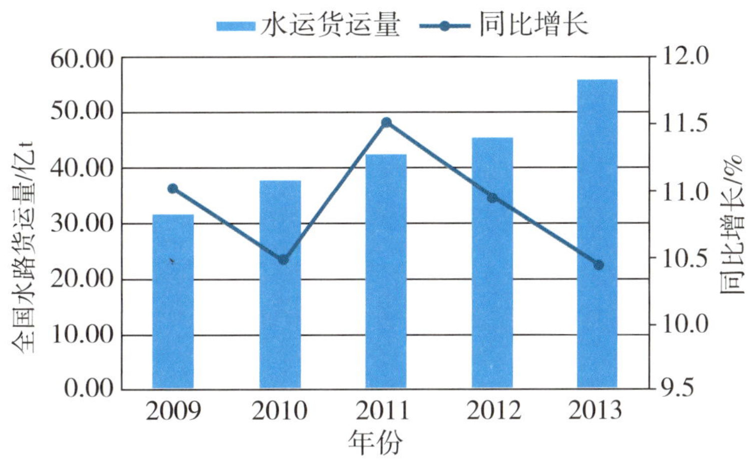

图 1 - 4 2009—2013 年全国水路货运量及其同比增长

3. 长三角地区经济运行总体向好,港航生产保持平稳较快增长

2013 年江浙沪两省一市共完成国内生产总值 118 332.41 亿元,同比增长 8.8%,经济总量占全国比重为 20.8%。

2013 年,长三角地区经济运行总体向好,港航主要生产保持平稳较快增长。长三角地区港口在我国经济和港口航运发展中继续保持重要地位。上海市加快推进结构优化和企业转型,聚集航运服务产业,自贸区建设引领新高。浙江省积极抓好海洋经济示范区,努力实施"三位一体"战略。江苏省积极支持长江深水航道向南京延伸,加快沿海开发,港口运行态势良好。

长三角地区完成水路货运量 18.56 亿 t,同比增长 1.6%,占全国比重为 37.65%,较 2012 年同期下降 2.55 个百分点;水路货物周转量 32 382.7 亿 t · km,同比下降3.43%。其中,上海市完成水路货运量和周转量分别为 46 697 万 t 和 17 497 亿 t · km,同比分别下降 7.2% 和 13%;浙江省分别完成 75 289.94 万 t 和 8 028 亿 t · km,同比分别增长 2% 和 9.3%;

江苏省分别完成63 648 万 t 和6 857.7 亿 t · km,同比分别增长 8.5% 和 13.1%(见图1 - 5)。2013 年全国完成水路货运量和货物周转量分别为 49.3 亿 t 和 86 520.6 亿 t · km,同比分别增长 7.5% 和 5.9% 。

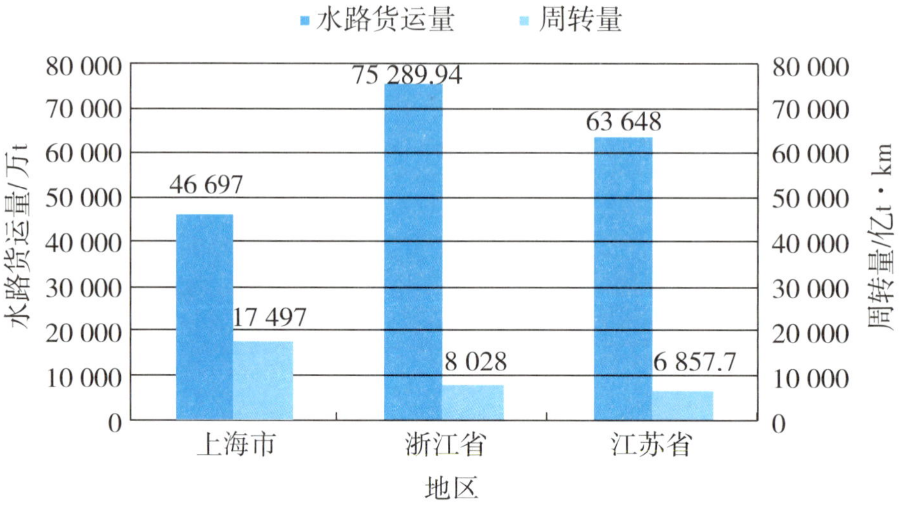

图 1 - 5　2013 年上海、浙江、江苏水路货运量和周转量

长三角地区主要港口共完成货物吞吐量 34.46 亿 t,同比增长 8.04% ,主要港口货物吞吐量占全国规模以上港口比重为 32.48% ,与 2012 年同期相比略微下降。其中,上海港完成货物吞吐量 7.76 亿 t,同比增长 5.5% ;浙江省主要港口完成货物吞吐量 10.06 亿 t,同比增长 8.97% ;江苏省主要港口完成货物吞吐量 16.64 亿 t,同比增长 7.94% 。2013 年在长三角地区的主要港口中,上海港、台州港、温州港、镇江港和江阴港的增速较低,扬州港、苏州港、南通港、常州港的增长势头较好(见图 1 - 6)。

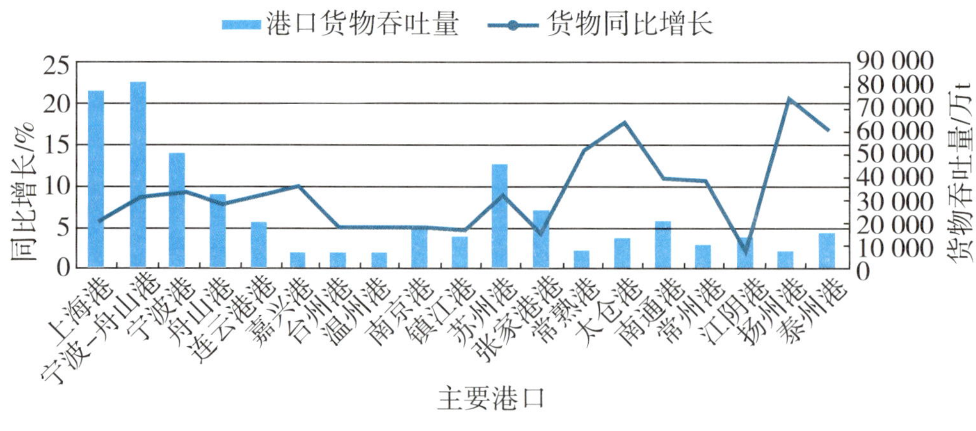

图 1 - 6　2013 年长三角港口货物吞吐量及其同比增长

长三角地区主要港口外贸货物吞吐量保持稳步增长,共完成 11.34 亿 t,同比增长 9.65% ,占全国规模以上港口的比重较 2012 年同期有所上升,达到 34.22% 。其中,上海港

完成3.77 亿 t,同比增长 5.2%;浙江省主要港口完成 4.07 亿 t,同比增长 12.21%;江苏省主要港口完成 3.5 亿 t,同比增长 11.68%。

长三角地区主要港口完成集装箱吞吐量6 920.42 万 TEU,同比增长6.71%,占全国规模以上港口总量的比重为 36.7%。其中,上海港完成 3 361.70 万 TEU,同比增长 3.3%,集装箱吞吐量继续保持世界第一;浙江省主要港口完成集装箱吞吐量 1 909.79 万 TEU,同比增长 8.7%;江苏省主要港口完成集装箱吞吐量 1 648.93 万 TEU,同比增长 5%。长三角地区各港口集装箱吞吐量实现平稳增长,总体上保持良好的增长态势,增幅超过 10% 的港口有 8 个。镇江港增长缓慢(见图 1-7)。

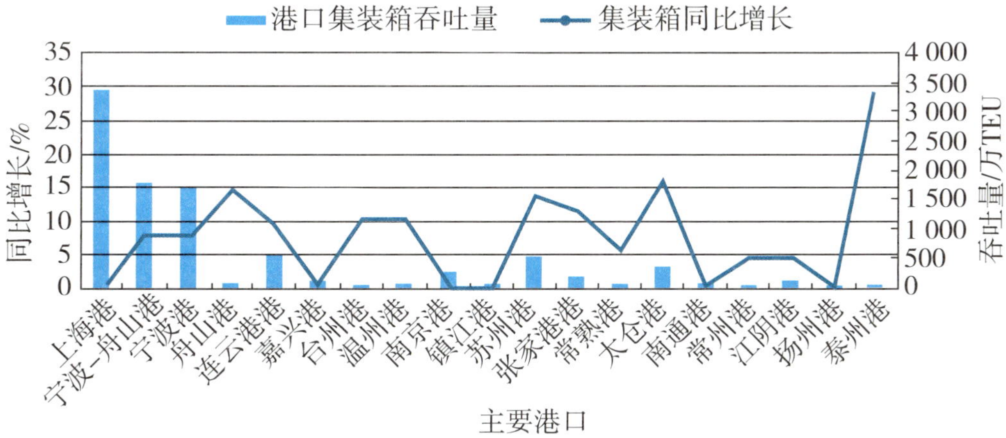

图 1-7 2013 年长三角集装箱货物吞吐量及其同比增长

4. 上海经济增长稳中有进,结构调整仍任务艰巨,自贸区建设迎来重大机遇

2013 年上海经济结构调整优化推进,经济增长企稳回升,经济增长质量和效益有所提高,经济运行呈现平稳良好态势。第二产业逐步回升,第三产业增长稳定,投资增幅回升;内需增长平稳,外贸趋稳回暖,各项经济指标是近年来经济发展中较为向好的一年。但经济回升的基础尚不稳固,深层次矛盾依然突出,第二产业回升缓慢,第三产业增速放缓,投资依然是当前经济增长的重要动力,转型发展中的突出矛盾和潜在问题尚未从根本上解决。

2013 年,在极为复杂的国内外经济环境背景下,上海经济继续保持中速平稳增长,并呈现出两个特点:一是先于全国出现经济增长企稳回升态势;二是相比国内其他地区增幅相对稳定。2013 年各季度 GDP 增幅基本稳定在 7.6% ~7.8%,是上海近年来各季度 GDP 增长最平稳的一年,在一定程度上反映了结构调整和转型发展开始取得成效,经济增长质量和效益也有所提高。

自贸试验区建设是上海实现新一轮经济增长的发展契机,在自贸区效应的带动下,2013 年投资企业完成经营总收入 14 200 亿元,同比增长 10.5%。其中商品销售额 12 260 亿元,同比增长 11.5%;航运物流服务收入 1 000 亿元,同比增长 17.6%。投资企业共完成进出口总额 1 130 亿美元,同比基本持平;完成工商税收 472 亿元,同比增长 10%。工商税收和商品销售额在全国 111 个海关特殊监管区域中的比重分别达到 53.4% 和 51.6%。2009—2013 年上海进出口总额及其同比增长见图 1-8。

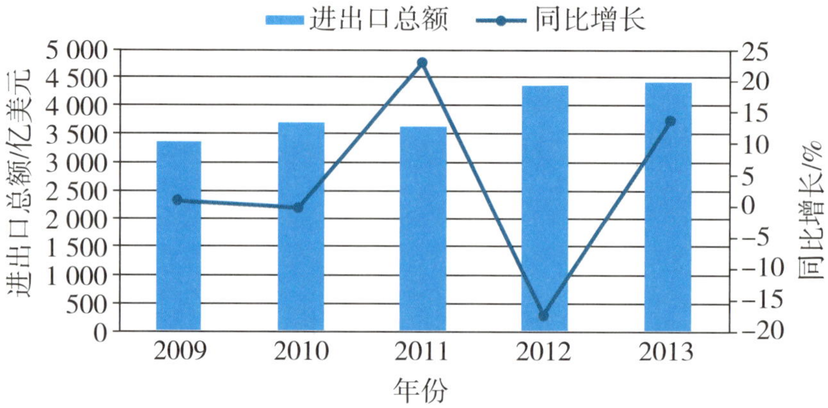

图 1-8　2009—2013 年上海进出口总额及其同比增长

(二)国际航运市场

2013 年,全球航运在挥之不去的低迷阴霾下,历经从低谷突围到攻坚突破,在探索中走向复苏,干散货、集装箱、油品运输市场跌宕起伏。在制造业实体回归、外资回撤和大型跨国公司就近采购的影响下,海运贸易需求放缓与航运业下行调整周期交互,构成了全球航运市场低迷徘徊、复苏维艰的状况。

1. 国际干散货运输市场

2013 年,国际干散货运输市场振荡回升。国际干散货 BDI 指数在年初创下近年来的新低后,上半年持续在 700~1 000 点之间低位振荡。由于运价已严重低于船舶所有人成本价格,加上下半年市场对于国家宏观刺激政策的预期,贸易商加速进口铁矿石,运价在第三季度初开始逐步回升,BDI 指数一举突破 1 000 点整数位,并创下年内新高。BDI 指数年平均值为1 205点,同比上涨 31.0%。

我国沿海干散货运力增幅明显放缓,但因前期大量新造船仍未被市场消化,沿海散货运力过剩格局未得到根本改善,运价呈现先抑后扬、大幅波动态势。上半年,航运市场形势极度低迷,市场运价在低位徘徊,并屡创新低。8 月之后,随着国民经济企稳回暖,下游需求看好,煤炭交易较为活跃。尤其受气候及煤炭发运影响,船舶压港严重,有效运力大幅缩减,运输市场快速反弹。12 月 27 日,上海航运交易所发布的中国沿海(散货)综合运价指数为 1 357.9点,较年初上涨 28.7%。全年中国沿海(散货)综合运价指数平均值为 1 125.92 点,较 2012 年上涨 2.5%。

2. 国际集装箱运输市场

据克拉克森统计,截至 2013 年 12 月底,全球集装箱船舶运力规模达 1 712.6 万 TEU,较年初增长 5.5%。2013 年以来,运输需求远不及预期,新增运力速度创近几年来峰值,集装箱运输市场延续2012年第四季度的弱势行情，运价持续低位徘徊，旺季特征不如往年显著。虽然在班轮公司缩减运力投放的共同努力下全年运价一度振荡走高，但回调速度却明显快于往年，且多数时间位于船公司成本线以下。上海出口集装箱运价指数近年来首次出现年内2次较大振荡，截至12月27日达到1 113.73点，较年初下跌3.0%，全年平均值为1 077.97点，同比下跌14.0%。2013年班轮公司继续在盈亏平衡线附近挣扎，虽然行业整体亏损程度较2012年有所减小，但亏损面依然较大，多年盈利的东方海外在年中时也出现亏损。

尽管主干航线运输需求呈现一定程度的复苏，但运力持续增长抵销了需求端带来的利好。在大船不断交付的背景下，供需失衡从欧洲航线不断向北美及其他次级航线蔓延，全年运价总体呈现出振荡下行的态势。2013年12月27日，上海航运交易所发布的中国出口集装箱运价指数为1 084.44点，比年初下跌2.3%；我国全年出口集装箱运价指数平均值为1 081.80点，比2012年下跌7.6%。

3. 油品运输市场

油品运输市场前低后高。受美国货币政策调整、页岩气油开发、高库存等因素的影响，世界原油需求增速低于预期，波斯湾地区超大型油轮（VLCC）运力过剩现象较为严重。就全年来看，11—12月经营效益虽然相对较好，但全年综合效益依然不佳。截至12月24日，VLCC中东—日本（TD3）指数报收于WS 60.25点，年初以来的平均值为40.25点，剔除基础费率调整因素，同比下降7.7%。

二、港航行业年度发展主要成果

（一）港航运输总体发展平稳

2013年，受宏观经济形势影响，水路运输需求受到抑制，上海市完成水路货运量46 697万t，同比下降7.2%；水路周转量17 497.3亿t·km，同比下降12.8%。其中，远洋和沿海货运量同比分别下降12.8%和4.6%，内河货运量微增0.8%。崇明三岛客运量缓慢增长。轮渡客运持续萎缩，客运量和营业收入创历史新低，加快轮渡公司转型发展，寻找新的业务增长点已十分迫切和必要。水上旅游出现明显下降，苏州河水上游览的吸引力需要进一步增强。

航运市场运力供需矛盾依然突出，航运企业经营形势依然严峻。2013年班轮公司继续在盈亏平衡线附近挣扎，集装箱运输市场延续2012年第四季度的弱势行情，运价持续低位徘徊，旺季特征不如往年显著。国际干散货运价在第三季度初开始逐步回升。沿海散货运输市场先抑后扬，全年平均值为1 125点，同比上升2.5%。秦皇岛至上海煤炭航线市场表现明显好于2012年。

（二）上海国际航运中心建设继续推进

上海在巩固国际集装箱枢纽港地位的同时，着力整合航运资源，提升优化配置能力。沿海港口基础设施建设推进，外高桥港区后续项目（外八期）前期工作启动。长江战略进一步深化，推进江海直达运输，推进集装箱水水中转，构建“长江支线班轮化体系”和“长江物流一体化运营平台”。洋山港“国际干线集装箱船舶双窗口作业”试行成功，主航道双向通航正式实行，泊位利用率提高 12%。建立国际中转集拼中心。

邮轮母港建设得到进一步发展，游客呈现井喷式发展。靠泊邮轮同比增长 63%；邮轮旅客吞吐量同比增长 116.0%，规模仍居全国第一，占全国邮轮母港市场的份额提升至64.9%。中国邮轮旅游发展实验区建设有序推进。

（三）港口集疏运体系进一步优化

大芦线二期工程初步设计获批并启动现场试桩。赵家沟工程完成项目批复投资。大芦线一期、杭申线工程分别完成工程总投资的 97.2% 和 55.0%。跨杭申线 A8 高速公路桥改建工程开工建设。外高桥内河港区一期工程结合地区环境综合整治稳步推进。加快推进洋山深水港四期前期工作。临港一期工程已全部建成投运。推动内河集装箱运输“弃陆走水”，建立健全长三角内河集装箱运输发展合作联席会议机制。继续深化推进长江干线船型标准化老旧船舶拆解工作。集装箱水水中转比例达到 45%。

（四）自贸区建设迎来重大战略机遇

2013 年 7 月 3 日，国务院常务会议原则通过《中国（上海）自由贸易试验区总体方案》，这是上海国际航运中心建设面临的又一个重大机遇。建设中国（上海）自由贸易试验区，是顺应全球经贸发展新趋势、更加积极主动对外开放的重大举措。总体方案明确提出“推动中转集拼业务发展”“简化国际中转、集拼和分拨等业务进出境手续”等有利于集装箱枢纽港发展的创新政策。

9 月 27 日，交通运输部与上海市人民政府联合发布《关于落实〈中国（上海）自由贸易试验区总体方案〉加快推进上海国际航运中心建设的实施意见》，规定政府职能转变、金融制度、贸易服务、外商投资和税收政策等多项改革措施，从扩大开放水平、创新航运政策、拓展中心功能、提升服务水平、加强基础建设五个方面加快推进国际航运中心建设，探索创新具有国际竞争力的航运发展制度和模式，形成可复制、可推广的经验，更好地发挥创新驱动、示范带动作用。

9 月 29 日，中国（上海）自由贸易试验区正式挂牌运行。据统计，自贸区范围内的洋山深水港区和外高桥港区合计完成集装箱吞吐量 3 058.5 万 TEU，比 2012 年上涨 3.6%，占上海港集装箱吞吐量的 91%。航运物流产业也保持较快发展，2013 年自贸区合计完成航运物流服务收入 1 000 亿元，比 2012 年增长 17.6%。

（五）高端航运要素加快集聚

现代航运服务体系进一步完善，高端航运要素集聚效应凸显。波罗的海国际航运公会上海中心、波罗的海航运交易所上海办事处、中远国际货运有限公司总部落户上海。上海航运运价交易有限公司（SSEFC）推出南北线煤炭运力衍生品合同，航运交易指数系列不断丰富。中国船舶交易信息平台运作良好,航运信息渠道进一步完善。上海清算所与浦发银行、波罗的海交易所签署合作协议,正式推出人民币远期运费协议中央对手清算业务,标志着中国大陆在主要的全球化衍生产品上实现以人民币计价清算零的突破。航运保险专业机构加快集聚,华泰财险、天安财险获批筹建航运保险运营中心,推动航运保险专业化发展。我国第一家专业性航运保险社团组织——上海航运保险协会正式成立,力促上海成为我国乃至国际航运保险定价中心之一。

三、港航行业监管与服务

2013 年是全面贯彻落实党的十八大精神的第一年,是实施“十二五”规划承前启后的重要一年。市港航行业监管部门按照“立足综合交通、坚持公交优先、聚焦港航发展”的指导思想,紧紧围绕“国际航运中心建设”的总体目标,切实把握自贸区建设的重大改革契机,深入贯彻落实创新驱动、转型发展,进一步转变行政管理职能,不断优化港航行政管理手段,大力提高服务水平,切实加强国际、国内航运市场管理,维护航运市场稳定、规范发展。

在国际航运中心建设推进方面,在市国航促进领导小组办公室和原市交通港口局的牵头下,清理进出口环节港口费收,降低港口物流成本,自 2013 年 3 月 1 日起正式取消外贸进口集装箱疏运费,降低港口物流成本。大力推进水水中转,深入研究完善港口集疏运体系。启动扩大启运港退税试点的准备工作,为下阶段水水中转再上台阶奠定基础。落实国际航运中心专项资金。积极促成波罗的海国际公会上海中心在沪成立。研究完善航运经纪业准入管理和促进行业发展政策。抓住上海自贸区建设契机,积极争取交通运输部支持,研究放开航运政策,自贸区内外商投资中外合资、合作企业经营国际船舶运输业务外资比例可超过 50%,允许外商设立独资企业经营国际船舶管理业务,允许中资控股方便旗船经营上海港至国内港口的沿海捎带业务。全面梳理现有管理政策,研究提出自贸区航运业管理的负面清单。推进船舶融资租赁、保税船舶登记等航运创新政策。推进融资租赁船舶作为企业自有运力政策试点。推进上海港邮轮母港建设,制定《推进上海国际邮轮母港建设先行先试工作方案》和《关于加快上海(中国)邮轮旅游发展实验区建设的指导意见》。支持邮轮公司丰富邮轮航线,积极拓展包括台湾航线在内的邮轮旅游产品。协调交通运输部同意在沪设立外商独资皇家加勒比游轮船务(中国)有限公司。

在港航行业监管方面,原市交通港口局密切关注和分析本市交通运输行业“营改增”试点影响情况。制定《上海港推进阳光引航提升服务水平工作实施方案》,规范港口引航和拖带行为。加强港口市场日常监管,规范港口经营行为。贯彻国务院新修订的《危险化学品安全管理条例》,全面落实《港口危险货物安全管理规定》。组织相关人员培训,修订危险货物港口作业办事指南,完成“港口危险货物作业附证”换发工作。正式启动“上海港船载危险货物集装箱突发事件应急处置”专项研究。推进进口包装危险货物和出口危险货物的港口作业网上申报系统试运行,进一步加强安全监管。研究制订推进上海游艇产业发展 2013 年工作计划,开展本市游艇码头布局规划研究。

在港航行业相关政策、法律法规方面,原市交通港口局完成《上海市交通港航地方性法规(2013—2017 年)立法规划》,启动和开展《上海市水路运输管理条例》和《上海市内河通航安全管理办法》等修订调研工作。推进行政审批制度改革,在完成"既受又理"试点评估的基础上,研究制定深化"既受又理"工作方案并组织实施。完成 2014 版行政审批标准化办事指南和业务手册修订。建立完善行业服务规范标准体系,修订或制定完成若干上海市工程建设规范并报批。

在港航行业科技创新、节能减排方面,原市交通港口局大力提升行业发展科技水平,完成上海城市交通行政业务管理系统升级改造项目并上线使用,日处理交通港航行政业务近 200 件。制定若干信息化建设规范标准、管理办法。启动交通港航行业数据中心建设。稳步推进绿色节能交通发展,航运重点用能单位能源审计,推进两型港口建设,制定并发布《上海港干散货码头污染防治管理指导意见》,启动港口环境监测站建设。

第二章 港口主业及辅助业

一、行业发展基础

（一）港口和航道基础设施

1. 港口基础设施

截至 2013 年底，上海港（海港）共有码头 256 个，码头泊位数总计 1 191 个，比 2012 年增加 8 个，其中万吨级泊位 251 个，码头长度 123 988 m，较 2012 年增加 1 129 m（见图 2－1）。其中生产用泊位 608 个（含万吨级泊位 156 个），码头长度 74 487 m；非生产用泊位 583 个（含万吨级泊位 95 个），码头长度 49 501 m（见图 2－2）。共有浮筒 62 个。

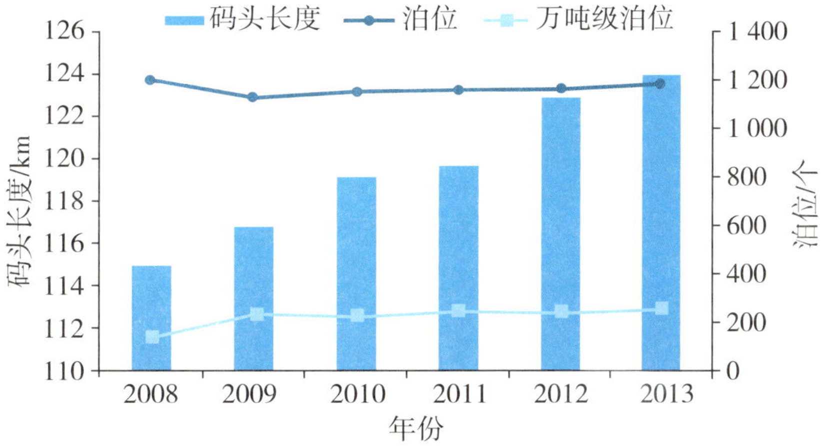

图 2－1　2008—2013 年上海港（海港）码头长度、泊位及万吨级泊位个数

公用码头泊位共 175 个，码头长度 28 270 m（见图 2－3），其中生产用码头 139 个，码头长度 26 583 m；非生产用码头 36 个，码头长度 1 687 m，有浮筒 38 个。货主专用码头 1 016 个，码头长度95 718 m，其中生产用码头 469 个，码头长度 47 904 m；非生产用码头 547 个，码头长度47 814 m，有浮筒 24 个。

分地域来看，上海港（海港）码头主要分布在黄浦江段、长江段和崇明三岛（见图 2－4），其中：黄浦江西、北岸有泊位 457 个，码头长度 31 068 m；黄浦江东、南岸有泊位 295 个，码头长度 21 000 m；长江口南岸有泊位 206 个，码头长度 33 038 m；崇明三岛有泊位 113 个，码头长度 22 737 m。这几个地域码头泊位数占总数的 89.9%。

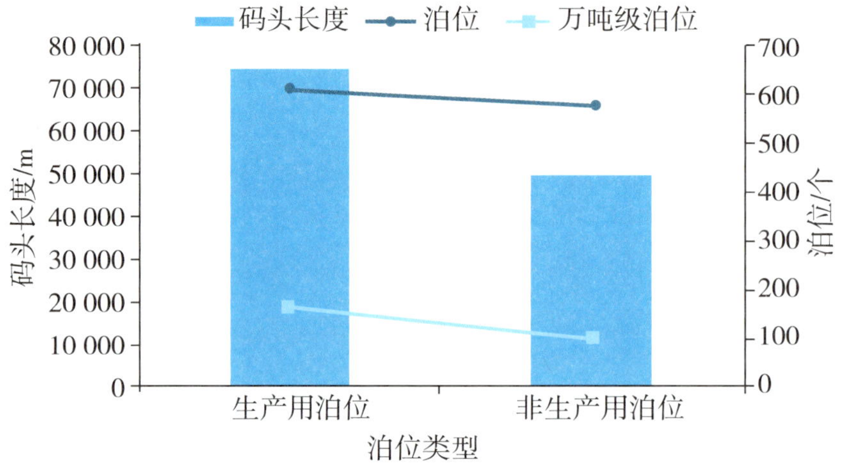

图 2-2　2013 年海港生产用及非生产用泊位码头长度、泊位及万吨级泊位个数

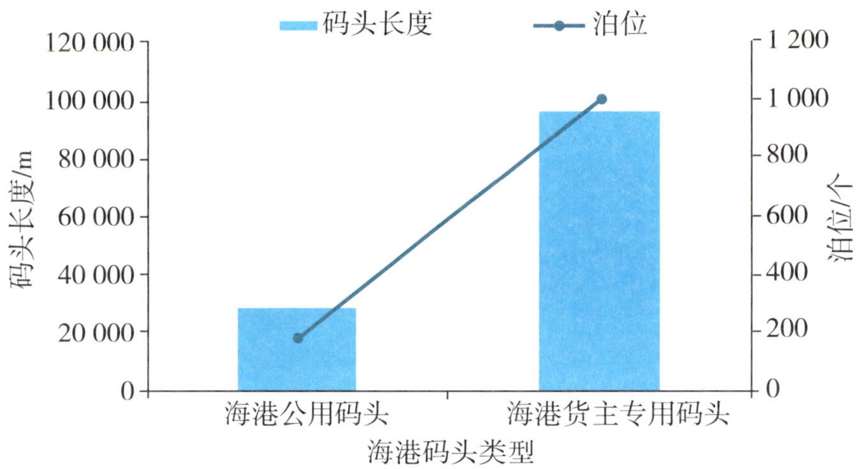

图 2-3　2013 年海港公用及货主专用码头长度及泊位个数

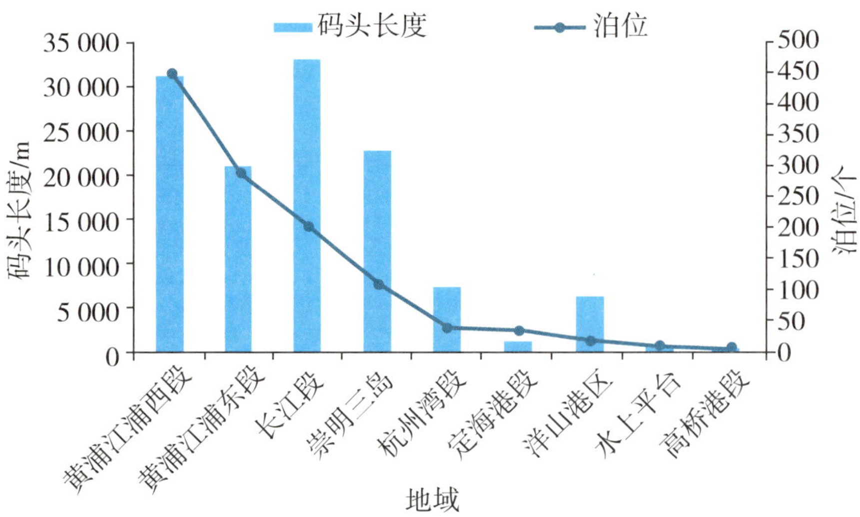

图 2-4　2013 年分地域海港码头长度及泊位个数

从能力分类来看，上海港（海港）码头设计年货物吞吐能力 34 286 万 t，其中公用码头 7 689 万t，货主专用码头 26 597 万 t；集装箱吞吐能力 2 004 万 TEU，比 2012 年增加 98 万 TEU，其中公用码头 1 957 万 TEU，货主专用码头 47 万 TEU；旅客吞吐能力 3 184.8 万人次，其中公用码头 100 万人次，货主专用码头 3 084.8 万人次；汽车吞吐能力 573 万标准辆，其中公用码头 80 万标准辆，货主专用码头 493 万标准辆。

至 2013 年底，上海港（海港）共有生产用装卸机械 6 348 台，其中起重机械类 214 台，输送机械类 203 台，装卸搬运机械类 697 台，专用机械类 5 234 台（其中岸边集装箱起重机 154 台，轮胎式集装箱门式起重机 477 台，集装箱正面吊运起重机 75 台，集装箱牵引车 1 952 台）；非生产用装卸机械 123 台。

至 2013 年底，上海港（海港）共有生产用仓库 18.4 万 m^2，生产用堆场 866.6 万 m^2，其中煤炭容量 65.5 万 t，矿石容量 311.8 万 t，集装箱堆存能力 92.8 万 TEU。

2. 航道基础设施

（1）内河航道

2013 年底，上海市境内有内河航道 196 条，航道通航里程 2 074.36 km。航道主要分布在浦东新区、闵行、嘉定、青浦、松江、奉贤、崇明等 10 个区县，包括 11 条跨省航道和 34 条跨区航道。其中Ⅲ级、Ⅳ级、Ⅴ级航道里程分别为 106.96 km，101.43 km 和 102.32 km，分别占全市航道总里程的 5.2%，4.9% 和 4.9%。限制性航道 2 010.39 km。Ⅴ级及Ⅴ级以上航道里程数占总里程的 15%，Ⅵ级及Ⅵ级以下航道里程为 1 763.65 km，占全市航道总里程的 85%，比 2012 年减少26.88 km。内河航道枢纽共有 99 座，其中 92 座具有通航功能航道枢纽（见图 2－5），占总数的 92.9%。

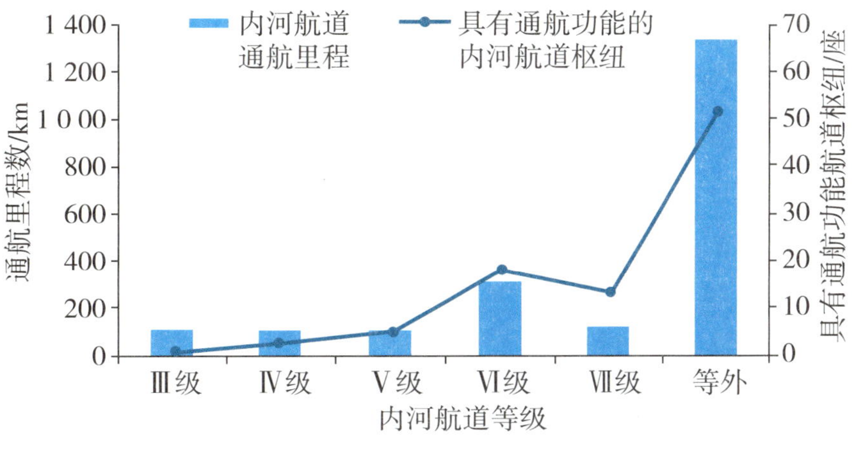

图 2－5 2013 年内河航道通航里程数及通航功能航道枢纽数量

2013 年，内河航道工程建设有序推进，赵家沟航道整治工程船闸基本完成，大芦线航道整治一期工程（临港新城段）航道土方工程、护岸、防汛通道基本完成。杭申线航道整治工程的航道部分已完成。大芦线二期工程初步设计获批并启动现场试桩。全年共完成内河航道整治工程建设投资85 018万元，为年度计划的64%，累计完成约84.5亿元，累计完成率为63%（见表2-1）。

表2-1　2013年内河航道整治工程建设完成情况(数据截至2013年12月)

项目名称	项目总投资/万元	本年计划/万元	本年完成/万元	累计完成/万元	本年完成率/%	累计完成率/%
赵家沟航道整治工程	291 600	7 825	7 275	301 310	93	103
大芦线航道整治工程(临港新城段)	410 500	3 247	3 247	4 005	100	97
杭申线航道整治工程	129 626	12 000	6 166	75 012	51	58
大芦线航道整治二期工程(闵行浦江段)	306 128	59 200	44 530	44 530	75	15
大芦线航道整治二期工程(航头新场段)	211 837	50 530	23 800	23 800	47	11
合计	1 349 691	132 802	85 018	844 787	64	63

（2）黄浦江航道

黄浦江航道常年疏浚维护包括吴淞口、高桥和陈家嘴3个深水航道及浅水区维护疏浚，其中浅水区维护范围根据《上海市交通运输和港口管理局关于2013年黄浦江航道维护浅水道疏浚方案的批复》调整至秦皇岛码头、其昌栈码头、十六铺码头和复兴三区码头附近4处浅水区（疏浚维护工作量具体见表2-2）；每月对3个深水航道开展1次水深测量，每2个月对关港航道鳗鲤嘴航段开展1次水深测量。

表2-2　2013年黄浦江航道疏浚维护工作量表　　万 m^3

航道	维护日期	船报方量
陈家嘴航道	2013年7月29日—2013年8月7日	7.300
	2013年11月20日—2013年11月22日	6.174
浅水区1~4	2013年7月25日—2013年9月2日	8.980

根据每月航道水深测图分析，吴淞口、高桥深水航道水深情况良好，达到通航水深要求，2013年未进行疏浚维护，通航水深保证率达到100%。

陈家嘴航道疏浚维护工作于2013年7月29日—8月7日及11月20—22日两个阶段开展，疏浚工程量13.474万 m^3，根据水深测图分析统计，陈家嘴航道考核天数由3月1日起计算，达到考核标准天数275天，水深达到8 m要求，通航水深保证率100%。

浅水区于2013年7月25日开始疏浚施工，9月2日全部完工，第三方检测单位的竣工测量报告显示，4个浅水区域维护范围内无浅于设计疏浚水深，工程质量合格，疏浚工程量8.98万 m^3。

（3）长江口航道

2013 年长江口航道局重点加强洪季期间现场施工组织指挥，合理调度施工船舶，保证疏浚施工强度，抓好船舶安全生产，全力维护航道水深，全年完成深水航道维护疏浚量 8 584 万 m^3，实现 12.5 m 通航水深保证率 95% 以上。2013 年长江口航道及主要可通航水道情况见表 2－3。

表 2－3　2013 年长江口航道及主要可通航水道情况

航道	航段	里程/km	航道类型	设标情况	航道尺度（水深×航宽）或自然水深
主航道	浏河口—长江口灯船	125	人工维护	已设标	12.5 m×(350～460) m
南槽航道	南槽航道上段	20	人工维护	已设标	5.5 m×(250～1 000) m
	南槽航道下段	55	人工维护	已设标	
北港航（水）道	新桥通道段	15	自然水深	已设标	水深约 10 m
	北港中段	30	自然水深	已设标	水深约 10 m
	北港拦门沙段	45	自然水深	未设标	水深约 6 m
北支航道	海门港—三条港	60	自然水深	已设标	水深约 2 m
	三条港—连兴港	25	自然水深	已设标	水深约 5 m
其他航（水）道	外高桥沿岸航道	15	自然水深	已设标	水深约 10 m
	宝山支航道	16	自然水深	已设标	水深约 8 m
	宝山南航道	11	自然水深	已设标	水深约 10 m
	白茆沙北航道	25	自然水深	已设标	水深约 8 m
	新桥水道	23	自然水深	已设标	水深约 10 m
	长兴水道	17	自然水深	已设标	水深约 8 m
	横沙通道	9	自然水深	已设标	水深约 8 m

注：以上水深基面为理论最低潮面，利用潮水实际水深可增加 2～3 m。

2013 年通过深水航道船舶总量 63 898 艘次，其中吃水 10 m 以上船舶 13 396 艘次，5 万总吨以上船舶 3 613 艘次，通过深水航道货运量约 11 亿 t。

长江口航道局进一步推进长江口航道疏浚土的综合利用，按照“联合招标，委托管理”的合作模式，组织实施上海市横沙六期利用疏浚土吹填造地工程，2013 年共完成吹填工程量2 976 万 m^3（不含超吹的 439 万 m^3），累计完成吹填工程量 3 981 万 m^3；结合南槽航道疏浚和维护工程实施，将部分疏浚土利用扩大到浦东机场非跑道区吹填项目，累计利用疏浚土 231 万 m^3。

（4）洋山港航道

10月29日，2013年洋山深水港区航道维护工程通过竣工验收，共完成2个阶段的疏浚，工程量达到618.1万 m^3。工后测量结果显示，进港航道达到水深16 m，港内水域达到水深15.5 m的设计标准，为超大型集装箱船停靠创造必备条件。

洋山港“国际干线集装箱船舶双窗口作业”试行成功。洋山深水港主航道双向通航正式实行，进出洋山港船舶平均等待时间缩短一半，泊位利用率上升12%。

（二）港口集疏运体系

2013年原市交通港口局认真完成上海“两会”建议、提案办理工作，着重就代表、委员提出的完善港口集疏运体系的建议进行调研和办理。深入分析洋山深水港与外高桥港区间“穿梭巴士”的运营现状和效益情况，为推动“洋山—外高桥”两港联动、推进集装箱水水中转等决策提供参考意见；进一步支持上港集团深化长江战略，保证支线船的泊位和班期，以优化干支衔接和中转衔接。2013年上海港集装箱水水中转的比率达到45%，比原计划的2015年有所提前。此外，配合研究了扩大启运港退税试点的准备工作，为下阶段水水中转再上台阶奠定基础。

2013年，通过全面监测、合理养护、精细化管理，使东海大桥设施设备综合完好率达到98%以上。加强与中国（上海）自由贸易试验区管委会及有关单位的衔接，对东海大桥海港大道卡口收费系统进行改造；对小洋山部分市政道路和芦潮港辅助区部分道路及相关设施进行整修。全年东海大桥车辆通行545万辆（次），日平均通行1.49万辆（次）；其中，集卡462万辆（次），占比84.77%。

在内河水运发展上，建立航道建设协调推进机制，每月相关单位共同召开项目推进会，掌握项目实施情况，及时沟通项目推进中遇到的问题，确保项目重大节点和问题及时上报。

为推动长三角内河集装箱运输联动发展，上海多次同江苏、浙江等地区港航管理部门沟通协调相关事宜，于7月组织召开联席机制筹备会，会议形成《长三角内河集装箱运输发展联席会议章程（草案）》和《关于促进长三角内河集装箱运输联动发展倡议书（草案）》。10月底，由上海牵头在沪召开“长三角内河集装箱运输发展联席会议第一次会议”，会议对长三角内河集装箱运输发展中存在的问题和诉求及运输过程中港口、口岸和通航效率等问题进行讨论，通过两个草案，标志着内河集装箱运输协调机制正式建立。

二、行业运行状况

（一）港口主业

1. 港口货物装卸

（1）全港货物吞吐量

2013年，上海港完成货物吞吐量7.76亿t，同比增长5.5%，增速较2012年同期增加4.4

个百分点(见图 2－6 和 2－7),全港年货物吞吐量创历史新高,增幅低于全国 3 个百分点。海港货物吞吐量累计完成 68 273.5 万 t,同比增长 7.1%,增速提高 5 个百分点,占全港货物吞吐量 88%(见图 2－8 和 2－9)。内河港码头、海港公用码头、海港货主码头分别完成 9 301.2 万 t(见图 2－10),54 190.8 万 t 和 14 082.7 万 t,分别占总量 12%,69.9% 和18.1%。内河港码头和海港货主码头货物吞吐量同比分别下降 5.3%(见图 2－11)和增长 1.7%。海港公用码头货物吞吐量同比增长 8.9%,拉动了全港货物吞吐量增长。

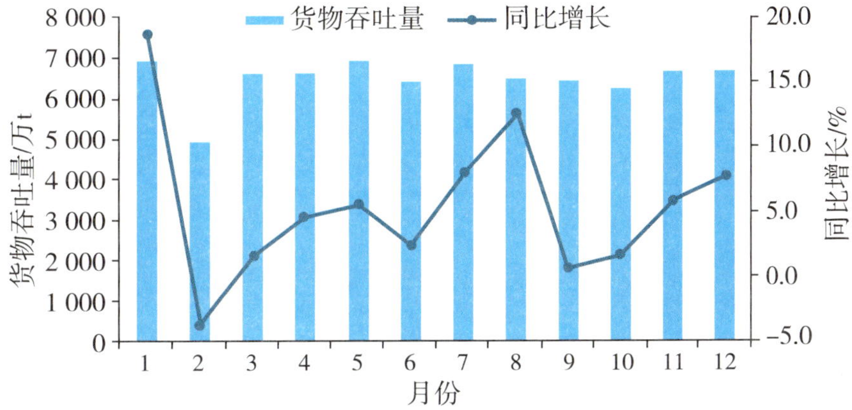

图 2－6　2013 年上海全港月度货物吞吐量及其同比增长

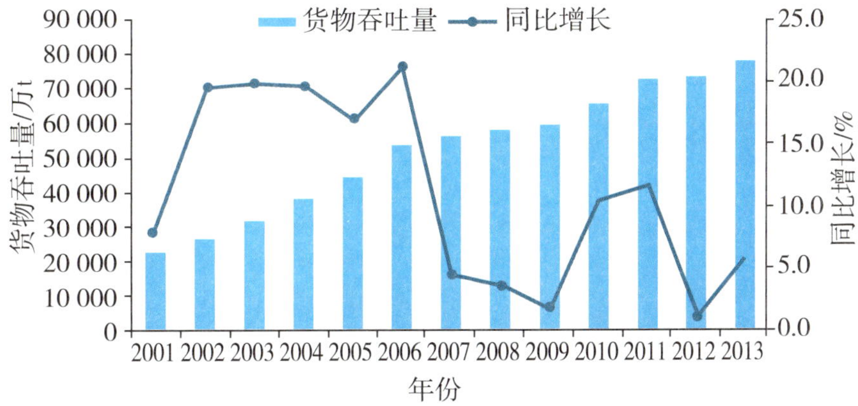

图 2－7　2001—2013 年上海全港货物吞吐量及其同比增长

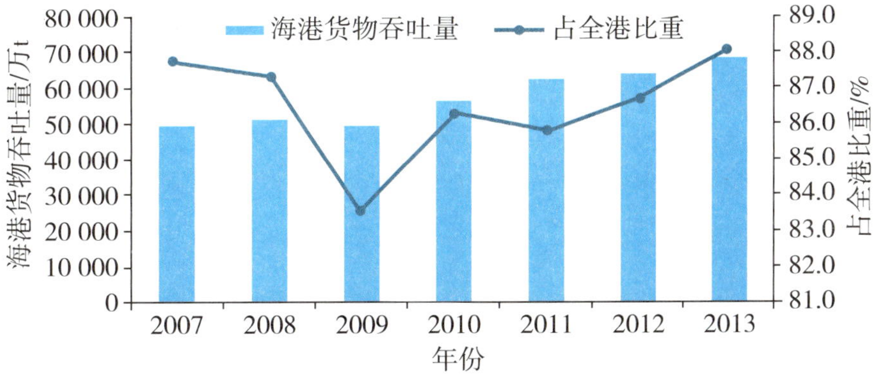

图 2－8　2007—2013 年上海海港货物吞吐量及其占全港比重

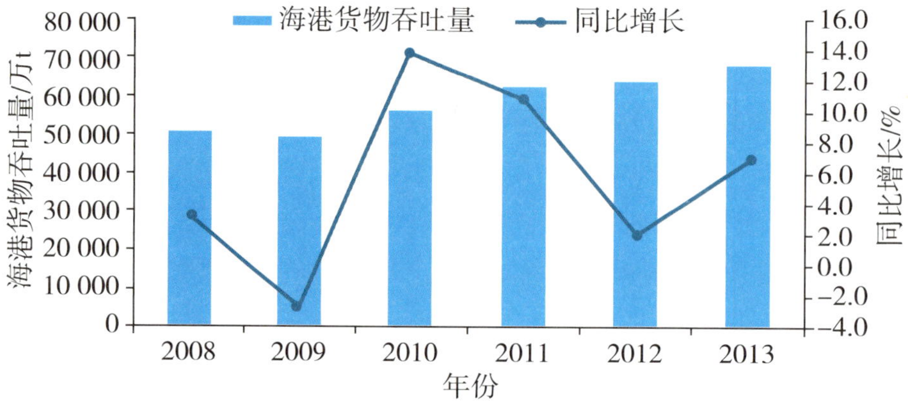

图 2-9　2008—2013 年上海海港货物吞吐量及其同比增长

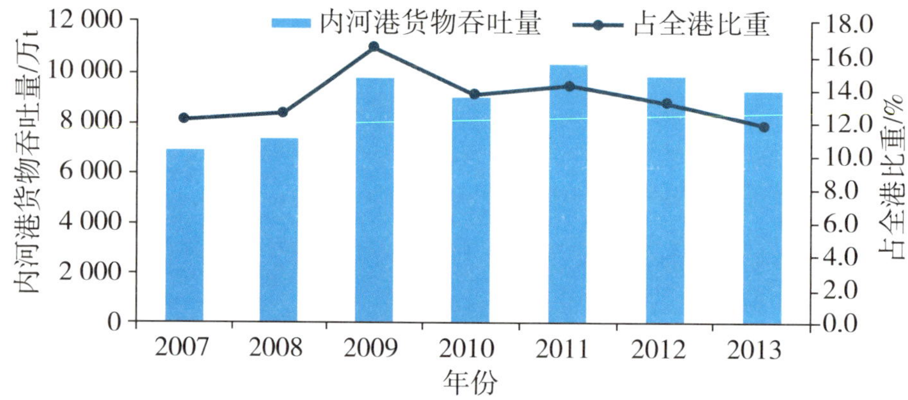

图 2-10　2007—2013 年上海内河港货物吞吐量及其占全港比重

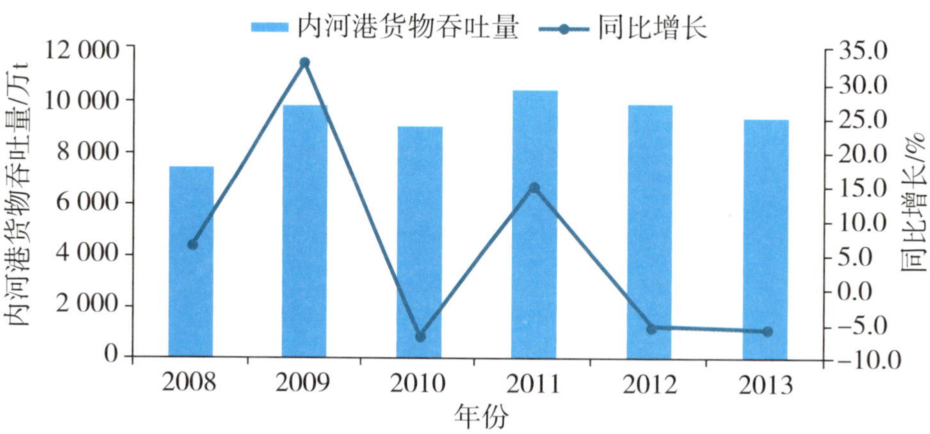

图 2-11　2008—2013 年上海内河港货物吞吐量及其同比增长

2013 年,上海港进出港货物均呈现增长态势,进港货物吞吐量 46 977.9 万 t,同比增长 4%;出港货物吞吐量 30 596.6 万 t,同比增长 7.7%。其中,海港进港货物吞吐量 39 013.3 万 t,同比增长 6.6%;出港货物吞吐量 29 259.5 万 t,同比增长 7.8%。海港货主码头进港货物吞吐量12 064.5 万 t,同比增长 4.3%,出港货物吞吐量 2 017.5 万 t,同比增长 4.3%,进港约是出港的 6 倍;海港公用码头进港货物吞吐量 26 948.8 万 t,同比增长 7.7%,出港货物吞吐量 27 242 万 t,同比增长 8.1%。内河港进港货物吞吐量 7 981.1 万 t,同比下降 6.7%;出港货物吞吐量 1 337.2 万 t,同比增长 6%(见图 2-12)。

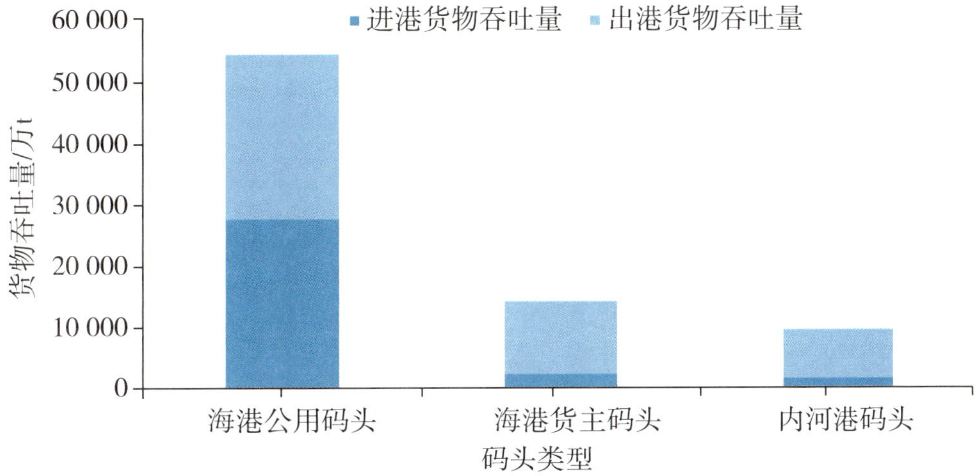

图 2-12　2013 年上海港进出港货物吞吐量

2013 年上海港外贸货物吞吐量增速略有下降,累计完成 37 705.5 万 t,同比增长 5.2%,增速较 2012 年回落 0.9 个百分点,低于全国 4 个百分点;占全港货物吞吐量的 48.6%,较 2012 年降低 0.1 个百分点。其中,外贸出口 16 384 万 t,同比增长 3%;外贸进口 21 321.5 万 t,同比增长 7%,占外贸货物吞吐量的 56.5%,外贸进口增速高于出口,说明外贸货物吞吐量增长主要受外贸进口拉动,这与第二、三季度外贸大宗散货的大量进口密切相关。内贸货物吞吐量增速出现逆转,2013 年累计完成内贸货物吞吐量 39 869.1 万 t,同比增长 5.7%,其中内贸进港 25 656.4 万 t,同比增长 1.7%;内贸出港 14 212.7 万 t,同比增长 13.7%(见图 2-13至 2-15),内贸增长主要得益于内需的拉动。

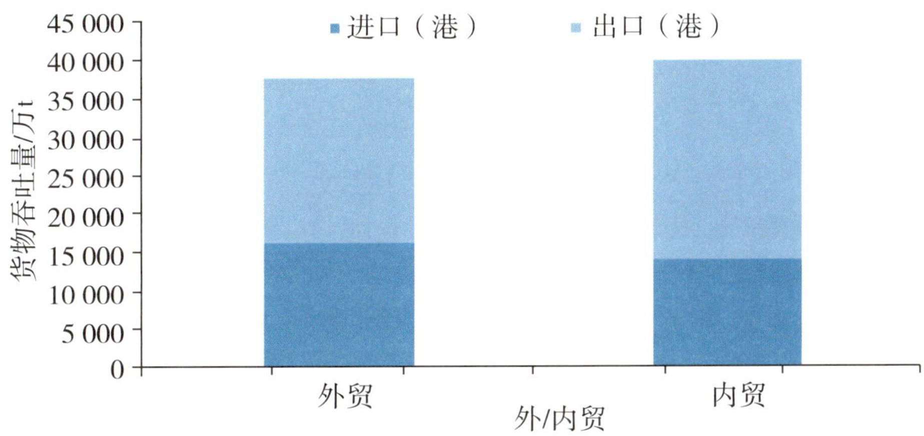

图 2-13　2013 年上海港内外贸进出口货物吞吐量

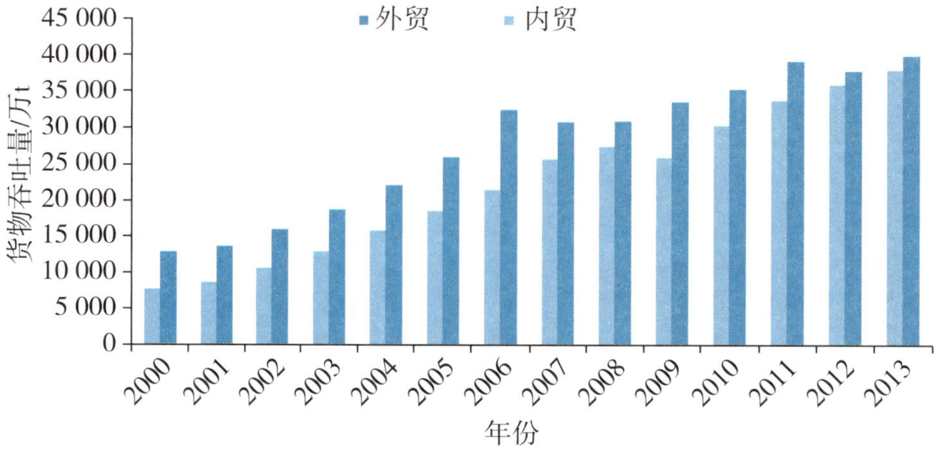

图 2－14　2000—2013 年上海港内外贸货物吞吐量

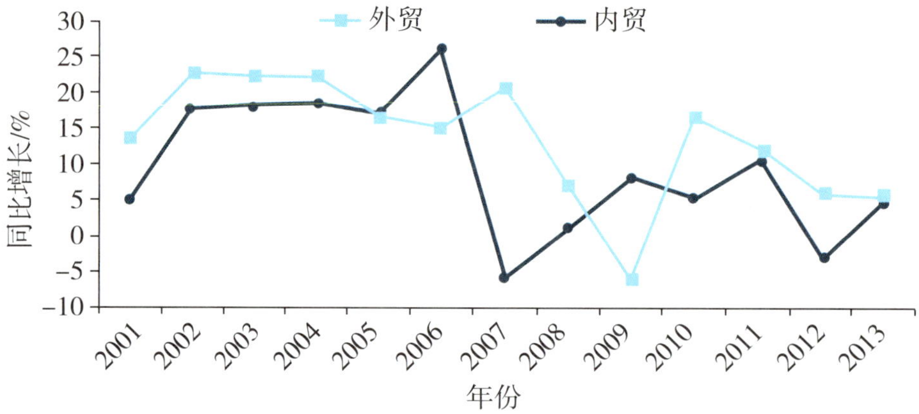

图 2－15　2001—2013 年上海港内外贸进出口货物吞吐量同比增长

（2）全港分货类吞吐量

2013 上半年，受国内经济增速趋缓、结构调整等影响，煤炭需求萎缩，市场供应较为宽松，由于国外煤炭价格持续下滑，进口煤数量快速增长，进一步压制国内煤炭价格，造成内贸煤炭市场疲软。下半年，随着国家稳增长政策的效应逐步体现，经济复苏有所加速，需求回升，同时冬季供热用煤量增加，电力企业补充库存等原因，煤炭市场有所好转。2013 年上海港完成煤炭及制品 12 142.0 万 t，同比增长 9.9%（见图 2－16 和 2－17），成为拉动全港货物吞吐量增长的重要动力。其中外贸煤炭 1 564.2 万 t，同比增长 23.9%，增速迅猛，但增速较 2012 年明显回落。内贸煤炭 10 577.8 万 t，同比增长 8.1%。整体来看，全年煤炭运输形势呈两头高、中间低的变化趋势（见图 2－18）。

2013 年，随着经济企稳向好，钢材下游产业生产好转，连带钢厂对铁矿石的需求增加，全国铁矿石进口量进一步增长，但月度波动较大。此外，在结构调整和节能减排的压力下，铁矿石和钢材库存表现为逐渐消化的过程。上海港全年累计完成金属矿石吞吐量 10 519.4 万 t，同比增长 12%，增速较 2012 年提高 1.7 个百分点，铁矿石吞吐量再创新高。完成钢铁吞吐量 5 205.4 万 t，同比增长 7.3%，增幅逐季度下降。

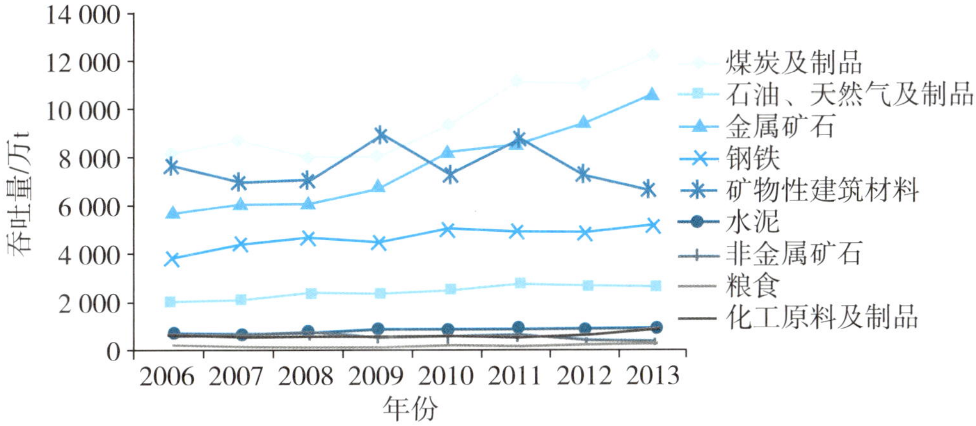

图 2-16 2006—2013 年上海全港主要货类吞吐量趋势

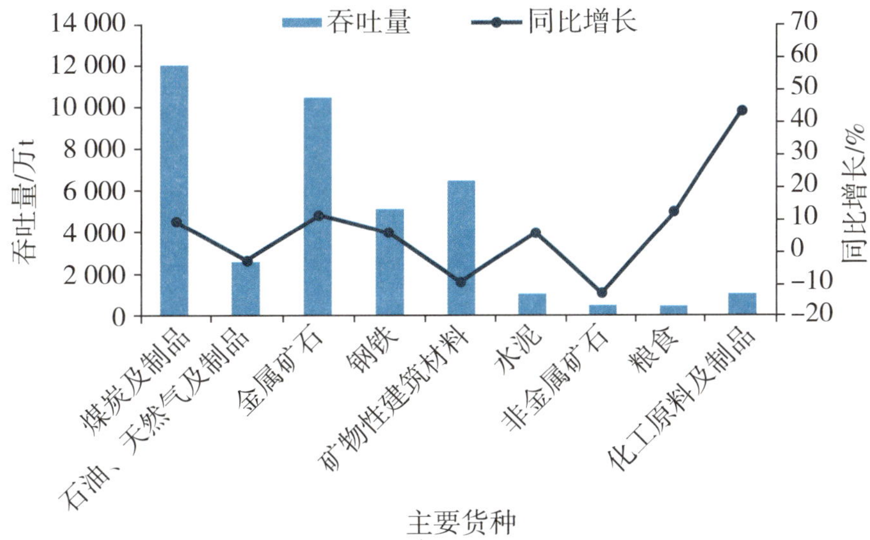

图 2-17 2013 年上海全港主要货种吞吐量及其同比增长

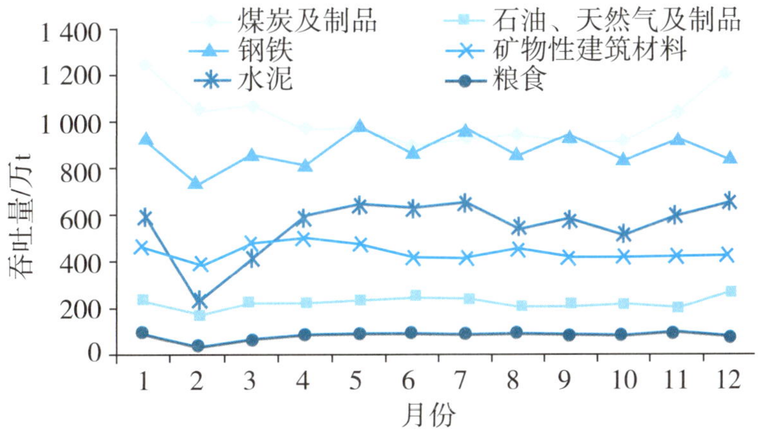

图 2-18 2013 年上海全港分月份主要货类吞吐量趋势

2013 年,上海港矿物性建筑材料、水泥吞吐量分别完成 6 564.5 万 t 和 1 007.7 万 t,同比分别下降 9.7% 和增长 6.1%。

受航运市场低迷的影响,石油、天然气及制品的需求受到抑制,2013 年累计完成 2 653.5 万 t,同比下降 1.4%。但外贸石油、天然气则有明显增幅,同比增长 20.6%。体现出本市能源进口品种的改变,由以往的以石油类货物为主向以天然气为主转变。同时,传统的炼油企业从以往的以水路运输为主逐渐向以管道运输为主转变。

2013 年,内河港主要货种煤炭及制品、钢铁、水泥和矿物性建筑材料吞吐量分别为 1 018.6 万 t,993.2 万 t,852.1 万 t 和 5 743.9 万 t(见图 2-19),同比分别增长 23.3%,2.7%,12.6% 和下降 10.6%,分别占内河港货物吞吐量的 11%,10.7%,9.2% 和 61.8%,占全港该货种比重的 8.4%,19.1%,84.6% 和 87.5%。

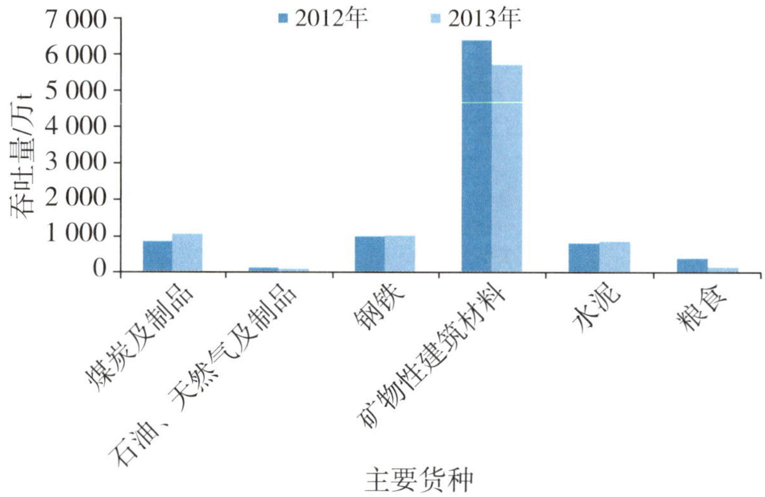

图 2-19 2012 年 2013 年上海内河港主要货种吞吐量对比

2013 年上海港完成滚装汽车 147.3 万标准辆,创 2009 年海通码头运营以来新高,汽车滚装业务保持全国领先优势,同比增长 8.4%,增速比 2012 年回落 6.8 个百分点。

(3) 危险品货物吞吐量

2013 年,上海港完成危险品货物吞吐量 4 382.9 万 t,同比增长 2.3%,其中:货主码头 3 018.5 万 t,同比增长 5.2%;公用码头 1 364.4 万 t,同比下降 3.5%(见图 2-20 和 2-21)。

2013 年底,上海市共有内河危险货物港口企业 51 户,其中 10 户已暂停营业,4 户已完成歇业手续办理。全年内河危险品吞吐量 176.3 万 t,同比下降 0.7%。在不断规范内河危险品运输市场和强化内河危险品运输严格监管的同时,第四季度运输量仍有较大幅度增长,与市场的需求变化密切相关。

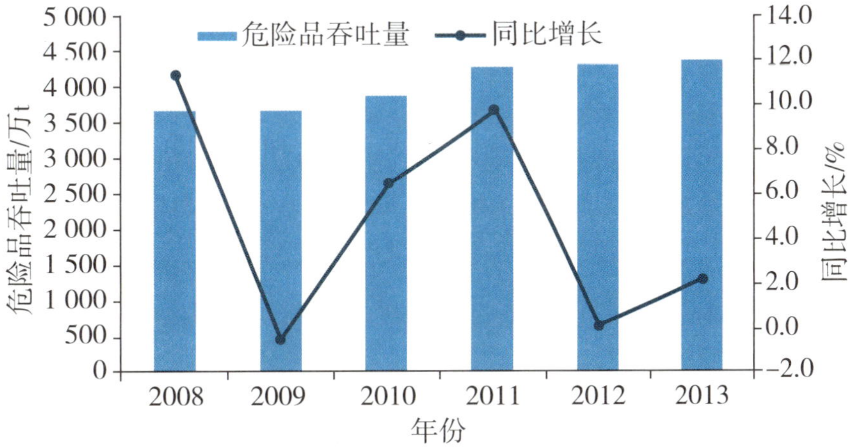

图 2-20　2008—2013 年海港危险品吞吐量及其同比增长

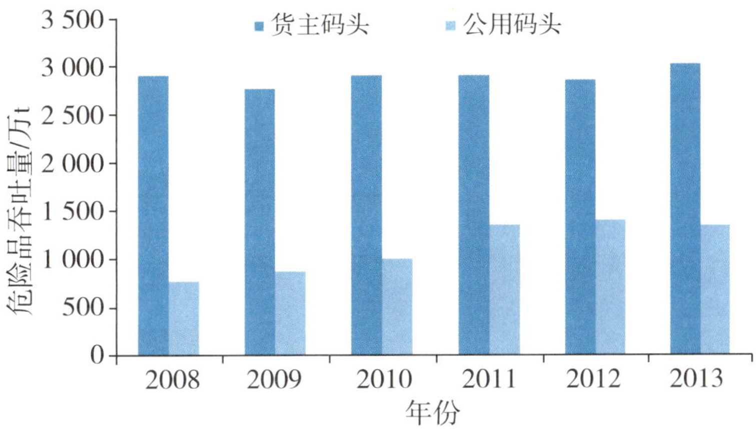

图 2-21　2008—2013 年海港危险品吞吐量构成

（4）港口集装箱装卸

上海港与世界上 200 多个国家和地区的 500 多个港口有着贸易往来，截至 2013 年底，每月有集装箱航班 3 148 班，其中远洋线 544 班，近洋线 612 班。全年完成集装箱吞吐量 3 361.7 万TEU，创历年新高，同比增长 3.3%（见图 2-22），增速较 2012 年提升 0.8 个百分点，已连续 4 年保持世界第一。新加坡港位居第二，完成集装箱吞吐量 3 257.9 万 TEU，同比增长 3%；深圳港完成2 327.8 万 TEU，超过香港港跃居世界第三，同比增长 1.5%；香港港完成 2 232 万 TEU，同比下降 3.4%，退居第四；釜山港和宁波-舟山港分别完成 1 767.4 万 TEU 和 1 735.1 万 TEU，同比分别增长 3.7% 和 7.3%（见图 2-23）。

洋山港集装箱吞吐量总体上保持增长，但增速明显放缓，2013 年累计完成 1 436.5 万 TEU，同比增长 1.5%，增速较 2012 年回落 6.5 个百分点，占全港比重 42.7%，较 2012 年降低 0.8 个百分点。从月度比重来看，全年有 5 个月同比出现下降，主要原因是受到全球经济形势的限制，全港集装箱运输需求增长不大。

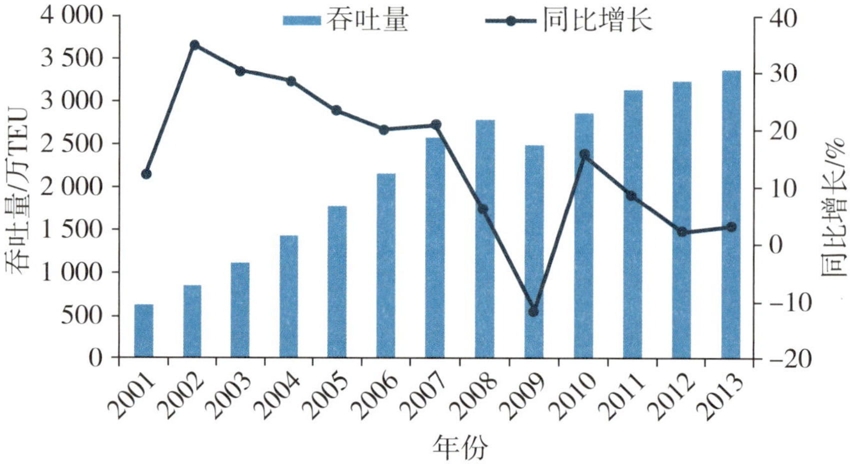

图 2-22　2001—2013 年上海港集装箱吞吐量及其同比增长

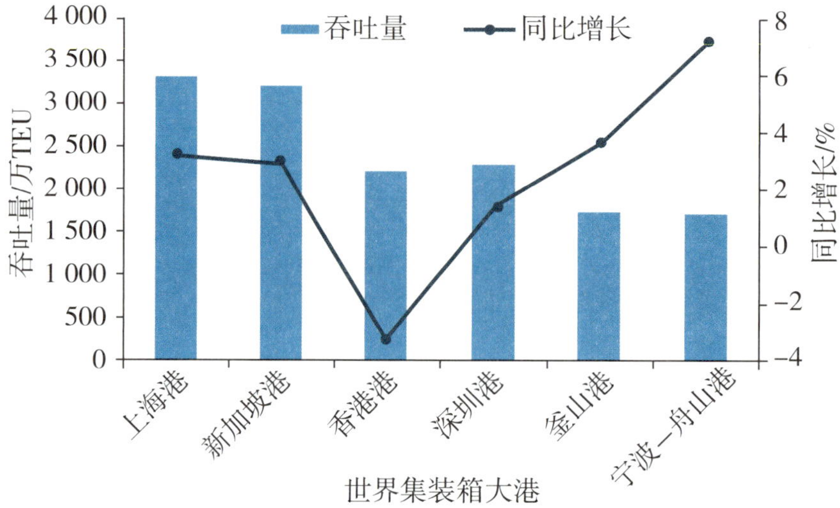

图 2-23　2013 年世界主要集装箱大港集装箱吞吐量及其增幅对比

2013 年累计水水中转量为 1 527.3 万 TEU,同比增长 9.6%,增速较 2012 年提高 2.8 个百分点;水水中转比重为 45.4%,较 2012 年提升 2.6 个百分点。尤其国际中转业务和内河转运取得大幅增长。其中国际中转业务完成 236 万 TEU,同比增长 32.1%,占总吞吐量的 7.0%;长江支线完成 429.5 万 TEU,同比增长 10.8%;内河完成 22.5 万 TEU,同比增长 92.2%。洋山港区集装箱吞吐量水水中转比重为 49.8%,较 2012 年同期提高 3.1 个百分点,比全港高 4.4 个百分点。2013 年上海港全港各月的集装箱吞吐量见图 2-24。

分进出港来看,2013 年上海港集装箱进港完成 1 652.2 万 TEU,占全港集装箱吞吐量的 49.1%,同比增长 2.9%;出港完成 1 709.5 万 TEU,占全港集装箱吞吐量的 50.9%,同比增长 3.7%(见图 2-25)。分空重箱来看,全年上海港集装箱重箱吞吐量累计完成 2 537.3 万 TEU,同比增长 5.2%,占全港集装箱吞吐量的 75.5%,较 2012 年提升 1.3 个百分点;空箱累计为 824.4 万 TEU,同比下降 1.9%(见图 2-26 和 2-27)。重空箱比例由 2012 年的

2.87∶1 提升为 3.08∶1，显示运输结构在不断优化，运输组织水平进一步提高。分航线来看，全年国际航线累计完成 2 442.2 万 TEU，同比增长 2.2%；内支线完成 441.4 万 TEU，同比增长 3.5%；内贸线完成 478.1 万 TEU，同比增长 9.4%（见图 2－28 至 2－30）。国际航线、内支线、内贸线集装箱吞吐量分别占比 72.6%，13.1% 和 14.2%。

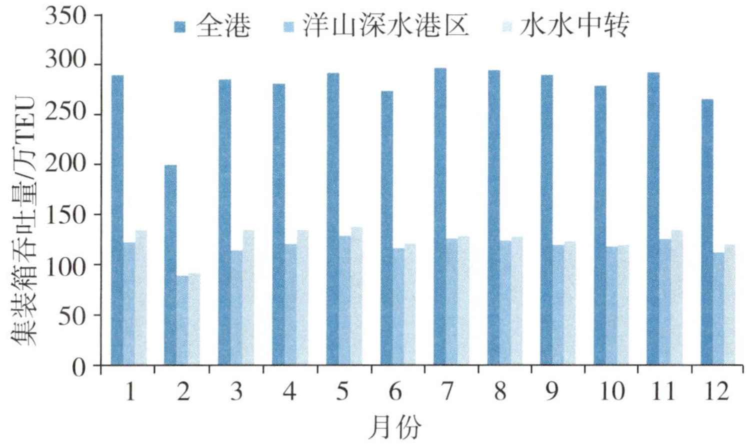

图 2－24　2013 年上海港全港分月份集装箱吞吐量

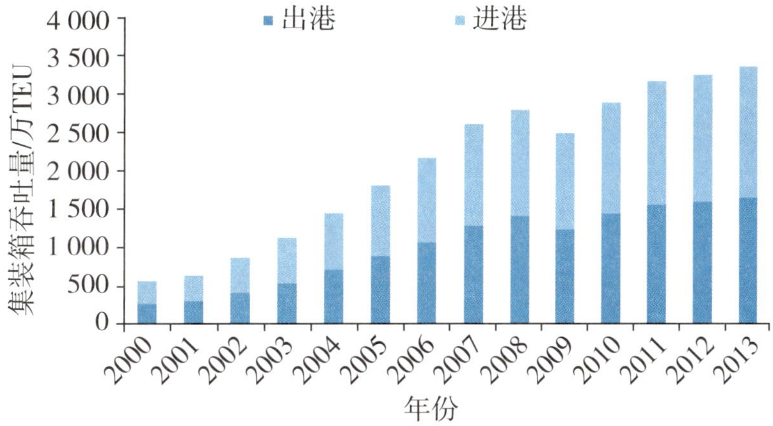

图 2－25　2000—2013 年上海港全港分进出港集装箱吞吐量

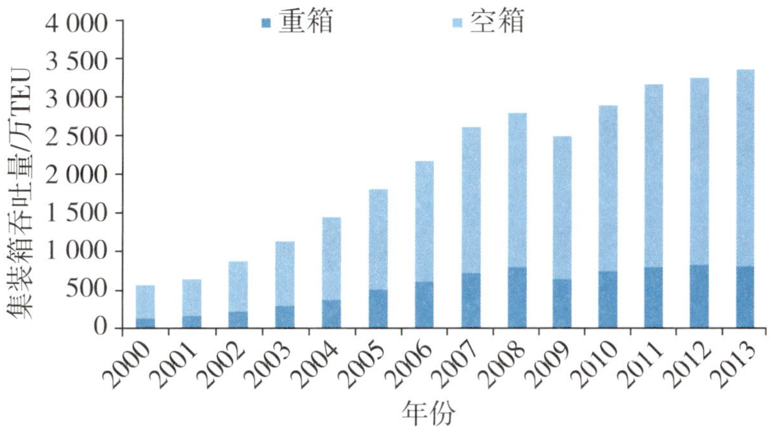

图 2－26　2000—2013 年上海港全港分空重箱集装箱吞吐量

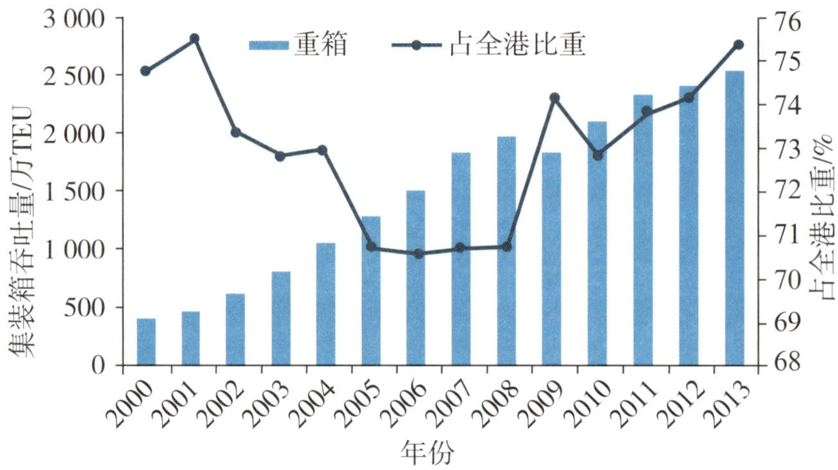

图 2－27　2000—2013 年上海港全港重箱箱量及其占全港比重

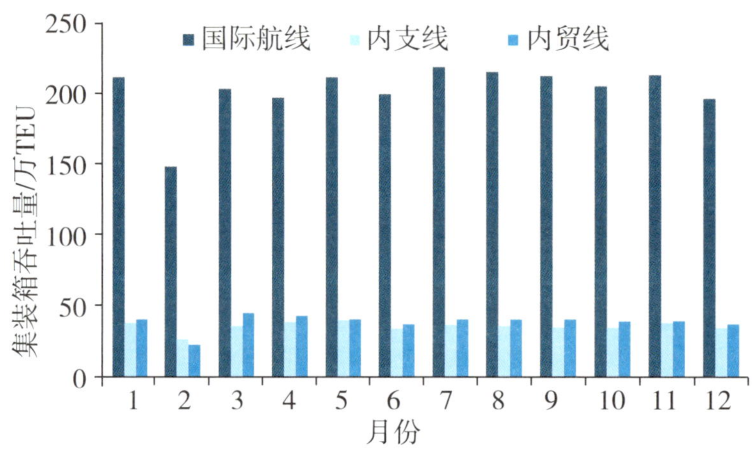

图 2－28　2013 年上海港全港分月份分航线集装箱吞吐量

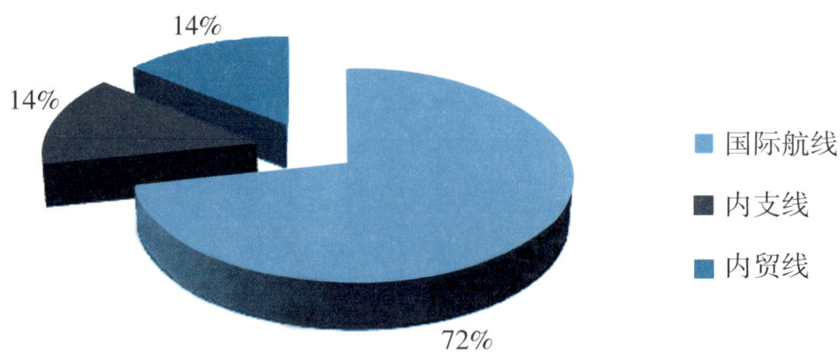

图 2－29　2013 年上海港进港集装箱分航线占比

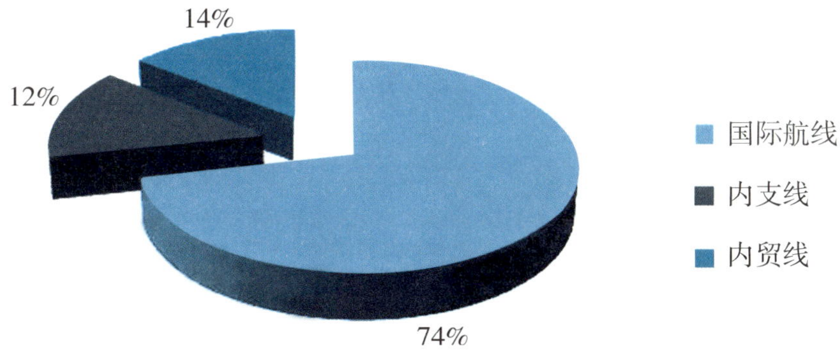

图 2－30　2013 年上海港出港集装箱分航线占比

2. 港口旅客运输服务

2013 年上海港累计完成旅客运输量 133.8 万人次，同比增长 2.9%，其中：下船进港完成 65.7 万人次，同比增长 3.1%；上船离港完成 68.1 万人次，同比增长 2.7%。公用码头完成 14.5 万人次，同比增长 68.1%；货主码头完成 119.3 万人次，同比下降 9.1%。国际航线完成 77.1 万人次，同比增长 101.3%；国内航线完成 56.7 万人次，同比下降 39.2%（见图 2－31 至 2－34）。国际航线运送旅客量首次超过国内航线，其主要原因是上海邮轮业的井喷式发展。2013 全年，上海港靠泊邮轮 197 艘次，其中母港邮轮 167 艘次，占总靠泊艘次的84.8%；完成邮轮旅客吞吐量 75.7 万人次，同比增长 116%。母港邮轮旅客吞吐量69.7 万人次，同比增长 172.8%，占全港邮轮旅客吞吐量的 92.1%。上海邮轮母港竞争实力不断加强。

2013 年访问港邮轮减少，主要原因是全国建设了多个邮轮港口，其他港口分流了一部分访问港邮轮。此外，由于全球经济不景气，欧美发达国家发送的邮轮班次总量也有所减少。全年全国邮轮母港访问港邮轮靠泊仅为 62 艘次，同比减少 41.5%。

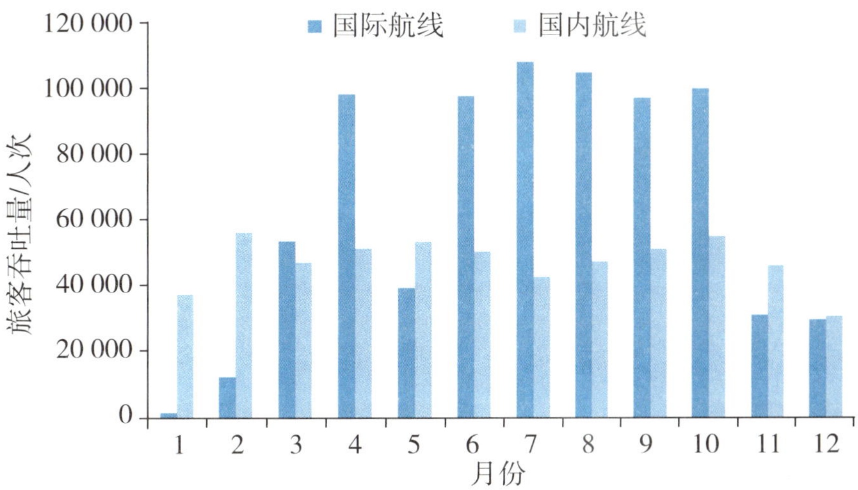

图 2－31　2013 年全港分航线月度旅客吞吐量情况

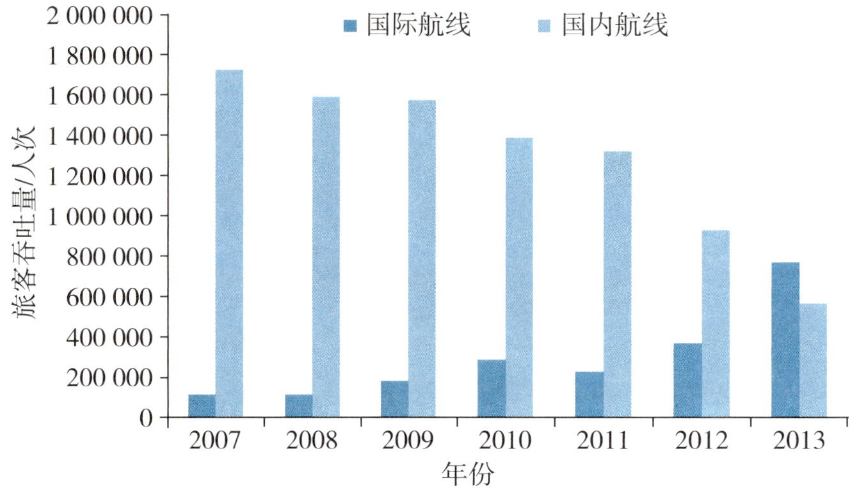

图 2－32　2007—2013 年全港分航线旅客吞吐量情况

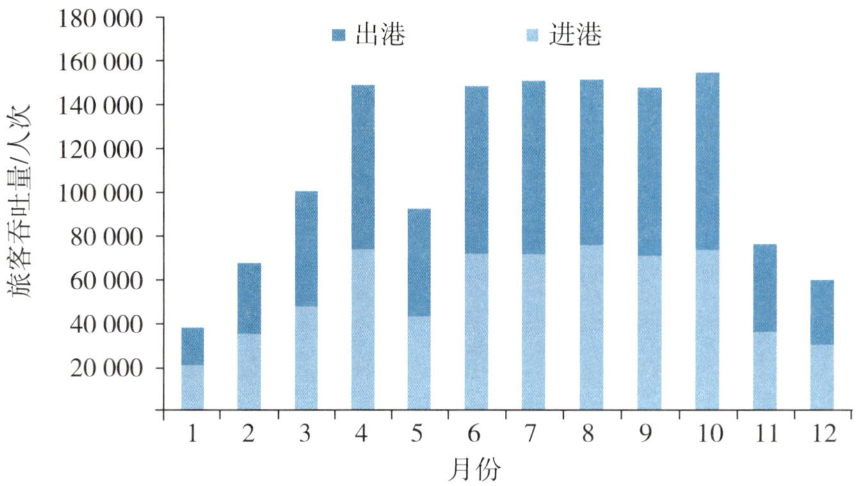

图 2－33　2013 年全港分进出港月度旅客吞吐量情况

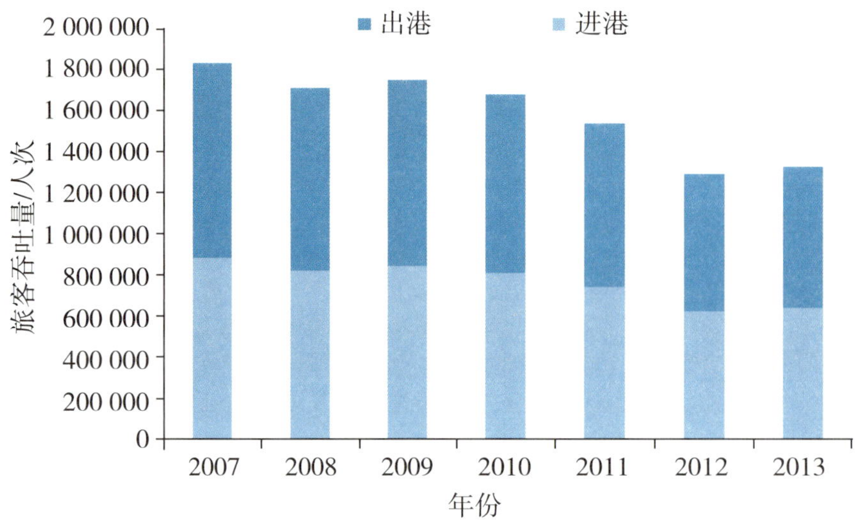

图 2－34　2007—2013 年全港分进出港旅客吞吐量情况

（二）港口辅助业

1．引航

2013 年上海港引航站共完成引航任务 67 653 艘次（见图 2－35 和 2－36），其中：进港 31 862艘次，出港 31 887 艘次，移泊 3 904 艘次；进出长江船舶 23 251 艘次；集装箱船舶 28 734艘次，危险品船舶 11 225 艘次；船长 180 m 以上 28 979 艘次，船长 250 m 以上 15 256 艘次，吃水 11 m 以上 8 468 艘次。船舶大型化、专业化趋势日益明显，特种船与重点船数量不断攀升，全年引领长度 300 m 以上的超大型船舶 5 670 艘次，增幅 1.8%；引领吃水大于 12 m 的超大吃水船舶 530 艘次，增幅 6.2%；引领大型国际邮轮 392 艘次，增幅 64.7%。

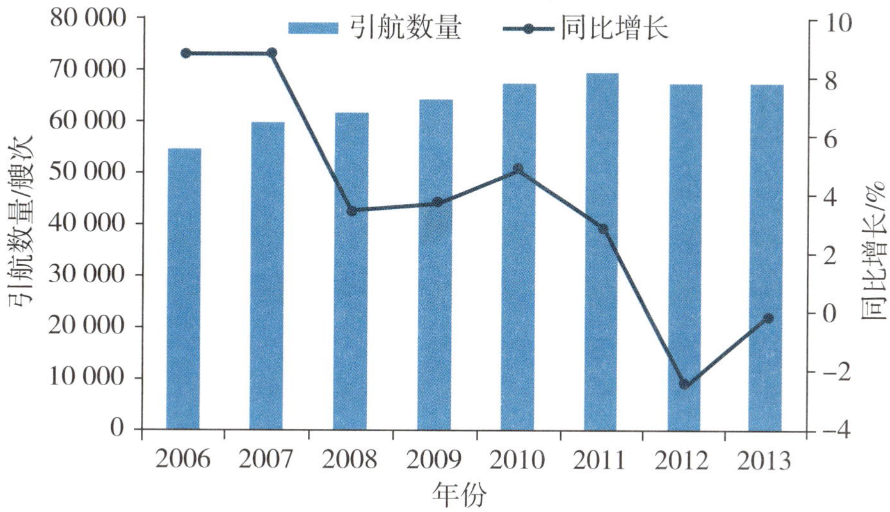

图 2－35　2006—2013 年上海港引航数量及其同比增长

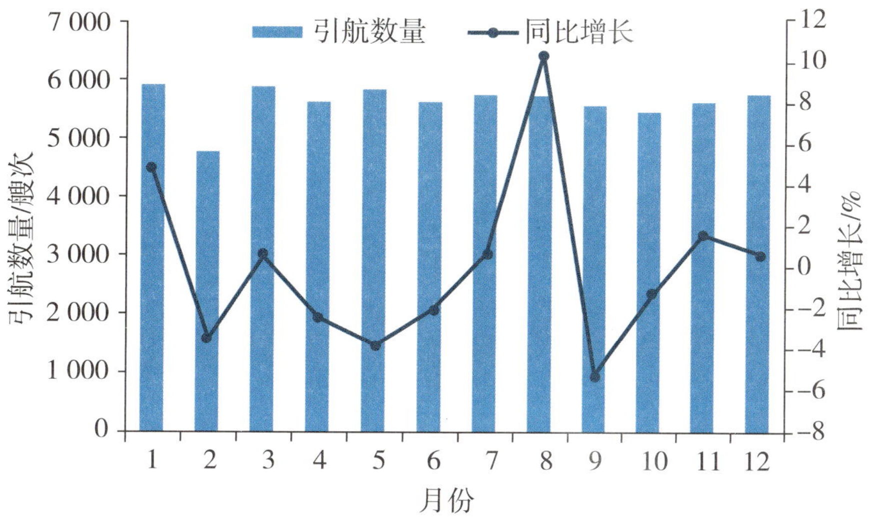

图 2－36　2013 年上海港月度引航数量及其同比增长

上海港引航站洋山分站全年引领9 511 艘次,其中:完成反潮水离泊试验284 次,包括285 m 以上超大型集装箱船舶反潮水离泊试验19 次;单套泊作业461 次,双套泊作业196 次,双向通航试验31 次。洋山港通过优化洋山调派模式、加强模拟实训、加大反潮水离泊船舶尺度试验、加强与海事等相关港航单位的沟通协作,确保了世界最大马士基3E 级18 000 TEU 集装箱船舶安全靠离洋山深水港、洋山主航道双向通航常态化和南港码头顺利开埠,洋山功能提升得到稳步推进。

2013 年,上海港遭遇影响引航作业的恶劣气象天数达150 天,占全年天数的41.1%,包括大风、大雾及雾霾等各类恶劣气象状况。上海港引航站针对大风浪天气,使用拖轮接送、提前送引航员登船等措施,尽力保证班轮、重点船舶及时进出;针对雾霾等能见度不良状况,加强监控、与VTS(船舶交通服务)紧密合作,通过信息平台及时向一线引航员通报雾情,以策安全;对因气象因素导致班期延误的船舶,尽可能通过调整吃水合理调整引航计划,从而减少延误时间。全年因恶劣气象条件影响班期的船舶艘次总计为4 891 艘次,占全年总艘次数的7.2%,其中,上海本港受影响1 896 艘次,洋山深水港受影响300 艘次,进出长江船舶受影响2 695 艘次。

2013 全年发生船舶失控事件89 起,月均7.4 起,频率较高。这主要是由于航运市场不景气造成航运企业经营困难,为压缩成本减少了船舶保养费用。

按照交通运输部关于推进"阳光引航"有关工作的通知,原市交通港口局制定《上海港推进阳光引航提升服务水平工作实施方案》,引航站制定具体实施方案和工作计划,推进阳光调度和阳光费收工作。

2. 拖带

上海港拖带业务由上海深水港船务有限公司和上海港复兴船务公司营运。2013 年,2 家公司共拥有53 艘作业拖轮,共完成拖轮作业艘次102 565 艘次,同比增长6.0%。

为进一步规范拖轮市场,原市交通港口局提出向社会2 次公开引航计划、公布拖轮配备标准、逐步实行船方选择拖轮等重点措施。同时,针对上海港口拖轮经营市场存在的配备不合理、收费不规范、无证经营、垄断经营等行为,研究提出初步方案。

3. 理货

2013 年,上海外轮理货公司完成理货36 380 万t,同比增长4.8%;集装箱理箱量3 233.4 万TEU,同比增长3.8%。

2013 年,中联理货有限公司上海分公司完成集装箱理箱量计21.6 万TEU,件杂货船理货92.8 万t,装拆箱理货69.6 万TEU。

三、行业管理及服务状况

（一）行业政策

2013 年 9 月 27 日，交通运输部发布《关于在上海试行中资非五星旗国际航行船舶沿海捎带的公告》，与上海市人民政府联合发布《关于落实〈中国（上海）自由贸易试验区总体方案〉加快推进上海国际航运中心建设的实施意见》（简称《实施意见》），从扩大开放水平、创新航运政策、拓展中心功能、提升服务水平、加强基础建设等五个方面加快推进国际航运中心建设。

2013 年，原市交通港口局开展《上海市水路运输管理条例》和《上海市内河通航安全管理办法》的修订调研工作，为下一步的立法工作打好基础；完成《上海港危险货物集装箱港内堆存作业管理规定（试行）》的法律审核工作，并经市法制办备案审查通过，市航务处研究制定并实施《上海市内河危险货物港口企业质量信誉考核办法（试行）》，对危险货物港口企业开展质量信誉考核。

（二）岸线码头综合治理

2013 年，原市交通港口局起草形成了规范游艇码头经营许可的初步方案，目前有待进一步深化并完善配套措施后再行实施；进一步规范内河码头经营许可，协调岸线许可标准提高后的经营许可问题，重点落实市管无证码头的整治，确保市管码头 100% 持证经营。

在岸线使用审核方面，2013 年完成岸线使用核准登记、变更、注销等 10 项，临时岸线审核 9 项，补发岸线使用证 3 项，工程项目设计方案审核 2 项，划示规划线 12 项。

在岸线使用费征收方面，全年征收岸线使用费 2 742 万元，同比增长 1.2%。

在开展行政执法工作方面，全年行政处罚立案 15 起，结案 15 起，同比分别增长 87.5% 和 66.7%。罚款 20.6 万元，同比增长 121.5%。通过行政约谈、责令整改、立案查处等方式对日常检查中发现的非法占用岸线，擅自设置浮码头、钢引桥等港口设施的违法违规情况进行处理。针对三泰码头违章搭建作业、白莲泾渣土码头违法排放泥浆、长兴渔港违规使用岸线等行为，迅速组织执法人员赴现场开展调查、核实情况，加强对问题单位回访检查，确保整改措施落实到位。2013 年行政执法工作中，未发生行政复议和诉讼。

在港口岸线整治方面，完成黄浦江闸港附近岸滩整治。整治范围为黄浦江闸港起至闵行电厂下游止的浦西岸段，及西渡仓库起至闸港口止的浦东岸段，全长约 20 km，主要包括残留结构清理及处置、沿岸废弃物清理及荒滩整治、废弃物处置等。

（三）港口公共卫生安全监督

2013 年，原市交通港口局继续贯彻实施《上海港“两型”港口建设指导意见》，在 2012 年研究起草的基础上，正式发布《上海港干散货码头污染防治管理指导意见》，制定扬尘码头的应急响应措施的实施细则，明确出现空气质量重污染时，本市物料码头、堆场的应急措施。

启动上海港空气质量自动监测网的建设工作,以逐步建立污染排放的监测与统计制度。进一步推进轮胎式集装箱门式起重机“油改电”、靠港船舶推广使用岸电、港内运输工具采用新能源等工作。协调上海港公共卫生管理职责主体问题,明确由上海港港政管理中心继续履行港口公共卫生管理职能。

委托社会检测机构对港区关键区域、重点企业开展236家次的环保监督性监测、218家次的卫生监督性监测,反馈监测结果,帮助企业查找超标原因,指导企业完善改进措施、方法等。同时,编制《上海扬尘污染示范点建设标准》,开展港区渣土转运码头扬尘防控专项检查,控制港区扬尘对空气质量污染的影响。

通过陆上检查、水上巡查等方式对上海港口岸线、环保和公共场所卫生及航道疏浚工程施工等进行监督检查,做好巡查记录,发现问题及时处理,消除安全隐患和薄弱环节。截至12月31日,开展水上巡视30航次。出动2 185人次,检查岸线764段,其中空余岸线167段。

(四)港口科技进步与创新

2013年,原市交通港口局积极推进上海交通港航业的科技创新体系建设,增强科技创新能力。通过发挥政府在交通港航宏观研究和成果推广等环节的政策引导和服务推进作用,使上海交通港航科技创新工作基本形成“政府主导、企业主体、高校和研究机构积极参与”的局面,构建了以企业为主体、市场为导向的行业应用研究、集成创新和成果转化的创新平台,初步建立起适应上海经济社会发展和一体化综合交通运输体系的工作格局。在申报交通运输部2014年度交通运输科技计划项目中,上海国际港务(集团)股份有限公司、上海巴士公交(集团)有限公司、上海城市交通设计院有限公司和华东师范大学等5家单位申报覆盖4个类别的共8个项目。上港集团全年共完成科技创新项目82项,获得科技创新和节能减排奖项8个,获得国家级专利1项。

原市交通港口局整合上海内河交通管理与应急联动系统,开发建设岸线航道综合信息管理系统,建立岸线数据综合管理平台,进一步提升岸线管理效能。在基础资料积累上,完成《黄浦江航道船流密度观察》《黄浦江底质原状土勘察》《黄浦江水文测验》等项目,采集分析船舶类型、流量、货种、疏浚土质、地层剖面分布、各层土质物理性质等参数,一定程度上弥补了黄浦江航道资料的缺失,为探索泥沙回淤规律、计算航道回淤量提供了基础资料,也为黄浦江航道维护管理提供了技术依据。

在港航服务质量提升方面,为降低港口物流成本,原市交通港口局会同市物价局就上海港外贸进口集装箱的疏运行为进行调研,并自2013年3月1日起正式取消外贸进口集装箱疏运费,降低港口物流成本。为确保疏运费取消后港内堆场的正常作业,研究制定系列配套措施,包括协调上港集团适度提高港内堆存费、允许危险货物转栈储存、发布《危险货物集装箱港内堆存作业管理规定》等,实现平稳过渡。同时,配合市物价局开展港口收费大检查,进一步提出清理进出口环节港口费收的建议。

（五）港口对外协同、合作与交流

2013年2月6日，意大利焦亚陶罗港务局秘书长 Salvatore Silvestri 先生和意大利驻沪总领事 Vincenzo de Luca 先生等一行5人访问原市交通港口局，两局签署《发展友好港关系的协议草案》。

3月18—25日，原市交通港口局代表团赴阿联酋、土耳其参加国际港协亚太地区理事会会议和2013世界港口贸易峰会。

4月15—16日，原市交通港口局与瑞典哥德堡城市交通管理局和港务局在上海共同举办城市交通及航运圆桌会议，会议分别围绕城市交通可持续发展、新能源公交车应用，以及港口和物流发展前景和计划、集装箱运输、航运教育和培训、港口环保等议题进行交流探讨。哥德堡代表团还参观考察了外高桥港区六期码头和外高桥保税区。

5月7—14日，上海港港政管理中心团组赴美、港参会及考察，赴洛杉矶参加第28届世界港口大会、2013年环太平洋港口清洁空气协作组织工作组会议，赴港访问香港特别行政区政府海事处。

11月5日，原市交通港口局和横滨港湾局共同签署《缔结友好港关系30周年协议书》。

11月17—23日，上海组合港管委会办公室组织长三角地区相关港航管理部门和口岸单位赴台湾地区开展邮轮及港航发展的合作交流座谈及考察，积极寻求两岸港航部门和企业间开展经营、管理、技术、服务等方面的合作交流。考察组访问了台湾港务管理公司基隆港分公司和高雄港分公司，与基隆港蔡丁义总经理和高雄港程建宇港务长就两岸港口、自贸港区和邮轮的发展情况进行了深入的交流与沟通。

11月26日，日本福冈市副市长中园政直、博多港湾局局长野见山勤等一行12人来访，原市交通港口局与福冈市港湾局（博多港）签署新一轮港口交流协议书。

第三章 航运主业及辅助业

一、行业发展基础

（一）船舶运输装备

截至2013年末，上海市拥有水上运输船舶1 694艘，较2012年末减少145艘。其中，远洋、沿海、内河运输船舶数量分别为324艘、587艘和783艘，远洋、内河船舶较2012年末分别减少40艘和143艘，沿海运输船舶较2012年末增加38艘，运力结构继续有较大幅度的调整。随着内河老旧船舶加速淘汰，内河船舶数量延续逐年下降态势，沿海、内河运输船舶净载重总量同比分别增加14.4%，减少9.2%，沿海、内河运输船舶平均净载重量分别为21 100 t和584 t，同比增长17.7%和7.6%。

表3－1　2006—2013年上海远洋、沿海、内河运输船舶运力情况

年份	内河运输船舶		沿海运输船舶		远洋运输船舶	
	数量/艘	净载重吨/t	数量/艘	净载重吨/t	数量/艘	净载重吨/t
2006	1 568	313 286	369	3 606 641	336	12 376 436
2007	1 575	310 658	390	4 541 212	382	15 588 267
2008	1 156	290 278	415	4 839 583	355	15 035 306
2009	1 111	484 655	449	7 029 896	351	16 429 633
2010	1 046	524 940	506	9 700 350	382	19 342 532
2011	984	515 983	543	10 601 709	387	22 624 014
2012	926	503 124	549	10 828 846	364	20 146 756
2013	783	457 036	587	12 385 630	324	17 565 124

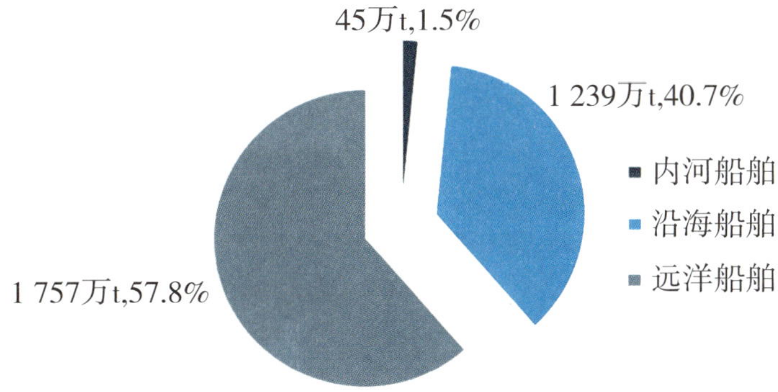

图 3-1　截至 2013 年底上海水路运输船舶运力结构

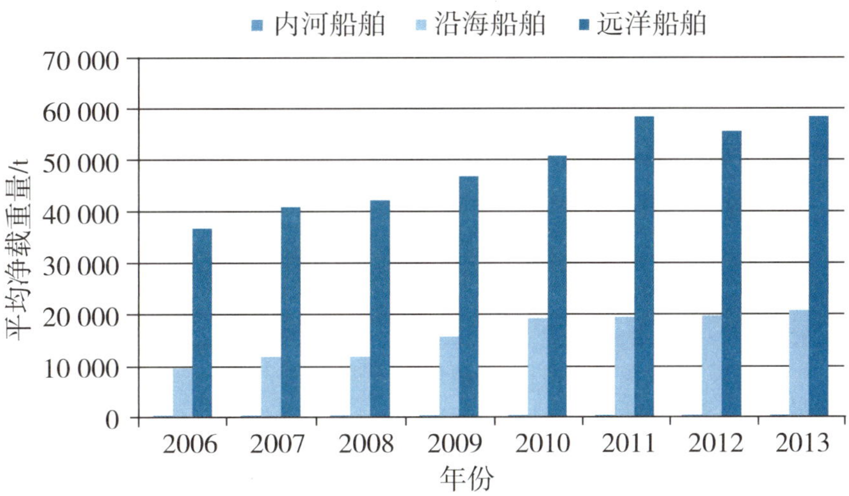

图 3-2　2006—2013 年上海远洋、沿海、内河运输船舶平均净载重量趋势

2013 年本市船舶运力结构得到明显优化。本市营运的注册国内船舶数量同比减少 3.9%,但船舶载重吨位同比增加 30.5%,船舶大型化趋势十分明显。万吨级以上船舶 233 艘,占沿海船舶总数的 45.4%,同比上升 3.5%;千吨级以上船舶 126 艘,占内河船舶总数的 13.9%,与 2012 年基本持平。鼓励水运业运力向特种化发展,集装箱船/多用途船 369 艘,占营运性国内运输船舶总数的 7.9%;危险品船 367 艘,占 25.8%;汽车滚装船 14 艘,占 1%。本市注册的航运企业平均运力规模达 41 764 载重吨,同比增长 30%。本市核准 39 艘老旧船舶拆解,总计 9 822 总吨/10 833 载重吨;其中 35 艘已拆解完毕,总计 9 243 总吨/9 998 载重吨。

截至 2013 年底,中国海运(集团)总公司运力规模达到 545 艘、3 484 万载重吨,集装箱箱位数 61 万 TEU;新增运力 54 艘、468 万载重吨。单船载重吨为 6.2 万 t,同比增加 0.07 万 t。船队平均船龄 8.7 年,同比下降 0.97 年,船队大型化、现代化趋势日益显著。

截至 2013 年底,中远集运总运力规模 188 艘,合 87.8 万 TEU,同比增长 16%,其中实际控制船队(扣除出租船舶)173 艘,合 78.6 万 TEU,同比增长 8.6%。中远集运运力规模在世界班轮公司中居第五位。截至 2013 年底,公司持有船舶订单 4 艘,合 5.34 万 TEU。挂靠上海港的投船数量为 108 艘,同比增长 42%;投船运力 58.4 万 TEU,同比增长 62.6%。

(二)行业经营业户

2013 年,本市国际、国内航运及辅助企业 2 199 家,规模继续增加,同比增长 6.3%,且国际航运企业及辅助企业数量增速略高于国内水路运输企业及辅助业数量增速。截至 2013 年底,本市共有国际船舶运输企业 71 家,较 2012 年增加 6 家;国际船舶代理企业 142 家,与 2012 年持平;国际船舶管理企业 88 家,较 2012 年增加 9 家;无船承运企业 1 172 家,较 2012 年增加 76 家(见表 3-2)。外商独资船务公司 42 家,与 2012 年持平;国际航运经纪公司 19 家,较 2012 年新增 2 家;船舶交易服务机构 1 家。拥有国内水路运输企业 264 家,较 2012 年增加 1 家,其中:沿海运输 140 家,较 2012 年增加 4 家;内河运输 124 家,较 2012 年减少 3 家(见表 3-3)。水路运输国内货客代理企业 361 家,较 2012 年增加 50 家;国内船舶管理企业 39 家,较 2012 年增加 5 家。

表 3-2　2013 年上海国际海上运输及其辅助业一览　家

企业类型	2011 年末总数	2012 年末总数	2013 年末总数
国际船舶运输企业	62	65	71
国际船舶代理企业	136	142	142
国际船舶管理企业	80	79	88
无船承运企业	1 009	1 096	1 172

表 3-3　2013 年上海国内水路运输及其辅助业一览　家

企业类型	2010 年末总数	2011 年末总数	2012 年末总数	2013 年末总数
国内水路运输	255	264	263	264
沿海	127	132	136	140
内河	128	132	127	124
国内水路运输辅助业	370	325	345	400

二、行业运行状况

(一)航运主业

1. 船舶货运

2013 年,受国内外复杂经济形势和国际航运市场持续低迷影响,上海水路运输需求受到抑制，水路货运量由2012年小幅增长逆转为下降，为2010年以来首次下降，其中，第一、二季度同比显著下降，第三、四季度出现平稳回升态势（见图3－3和3－4）。全年全社会水路货运量完成46 697万t，同比下降7.2%，水路货运量在综合运输体系中的比重为51.0%，较2012年减少2.3个百分点；完成水路货物周转量17 497.3亿t·km，同比下降12.8%（见图3－5和表3－4）。总体来看，水路运输在综合运输体系中的比重有所降低，但是水路货运规模和增速均高于其他运输方式，在综合运输体系中仍占有重要地位，对本市、长三角区域、长江流域乃至全国经济具有重要保障作用。

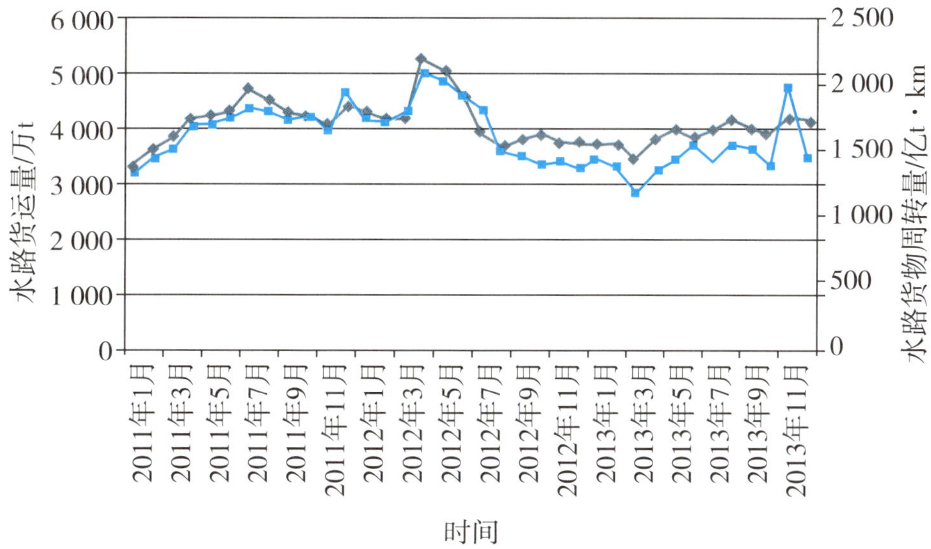

图3－3 2011年1月—2013年12月上海水路货运量趋势

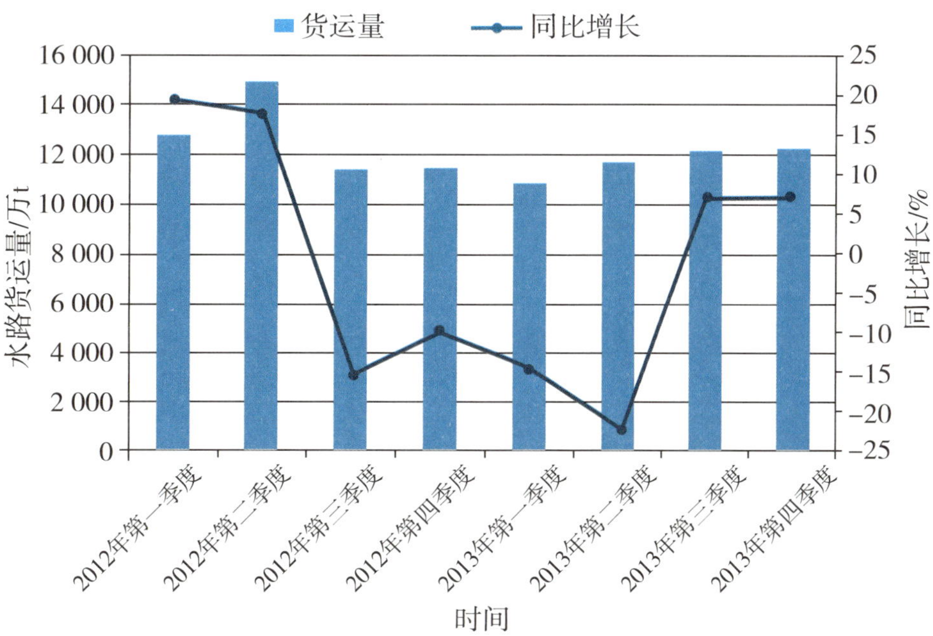

图3－4 2012—2013年上海水路货运量及其同比增长季度统计

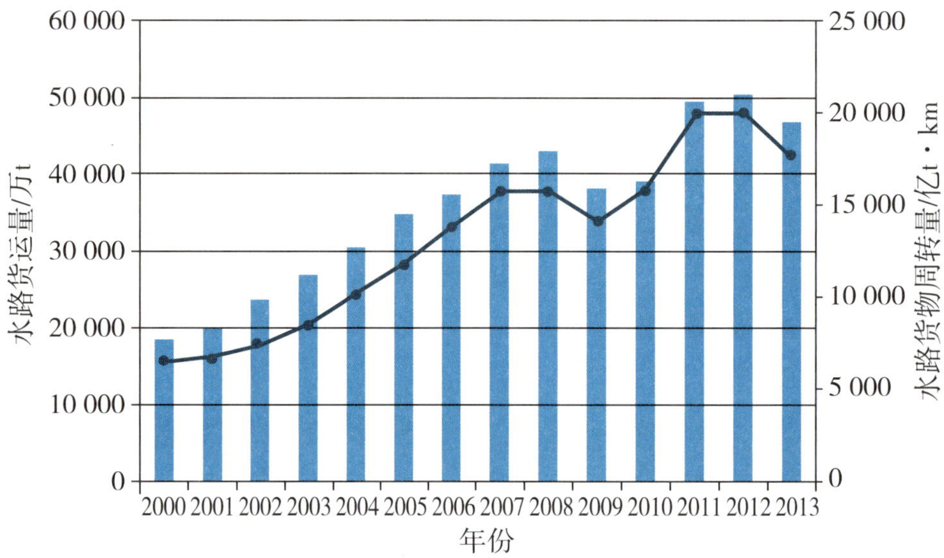

图 3－5　2000—2013 年上海水路货运量、周转量统计

表 3－4　2001—2013 年上海全社会水路货运量统计

年份	货运量/万 t	水路货运量/万 t	水路货运量占比/%
2001	49 545	19 496	39.4
2002	54 196	23 174	42.8
2003	58 669	26 621	45.4
2004	63 180	30 148	47.7
2005	68 741	34 557	50.3
2006	72 617	37 348	51.4
2007	78 108	41 543	53.2
2008	84 347	43 060	51.1
2009	76 967	37 983	49.3
2010	81 024	45 407	56.0
2011	93 318	49 389	52.9
2012	94 376	50 302	53.3
2013	91 535	46 697	51.0

（1）远洋货运

2013 年，远洋运输需求远不及预期，新增运力速度创近几年来峰值，集装箱运输市场延续 2012 年第四季度的弱势行情，运价持续低位徘徊，旺季特征不如往年显著。受外部需求放缓的影响，上海航运企业全年累计完成远洋货运量 15 255.0 万 t，同比下降 12.8%，占水路

货运量比重为32.7%，较2012年降低2.1个百分点(见图3-6)，显示远洋运输在水路运输中的重要地位有所降低；累计完成远洋货物周转量13 562.3亿t·km，同比下降15.7%。从月度数据来看，自8月份形势开始好转，连续出现同比增长的现象，11月的远洋货物周转量数据达到2012年6月以来的最高值，或可看作市场好转的信号(见图3-7)。

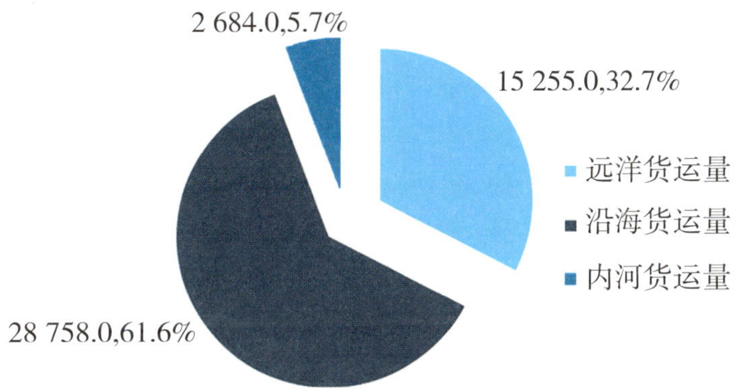

图3-6 2013年上海远洋、沿海、内河货运量及其占比

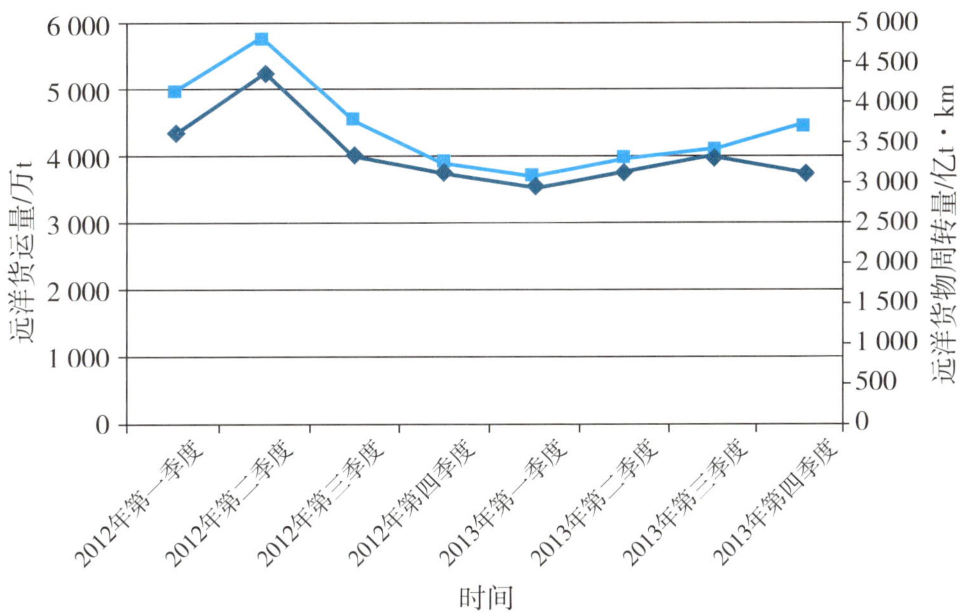

图3-7 2012—2013年上海远洋货运量、周转量季度统计

虽然在班轮公司缩减运力投放的共同努力下全年运价一度振荡走高，但回调速度却明显快于往年，且多数时间位于船公司成本线以下。上海出口集装箱运价指数近年首次出现年内2次较大振荡，截至12月27日达到1 113点，较年初下跌3.0%；全年平均值为1 077点，同比下跌14.0%(见图3-8)。班轮公司继续在盈亏平衡线附近挣扎，行业整体亏损程度较2012年有所减小，但亏损面依然较大，多年盈利的东方海外(OOCL)在年中时也出现亏损。航运指数走势见图3-9。

图 3-8 2011 年 1 月—2013 年 12 月上海出口集装箱运价指数走势

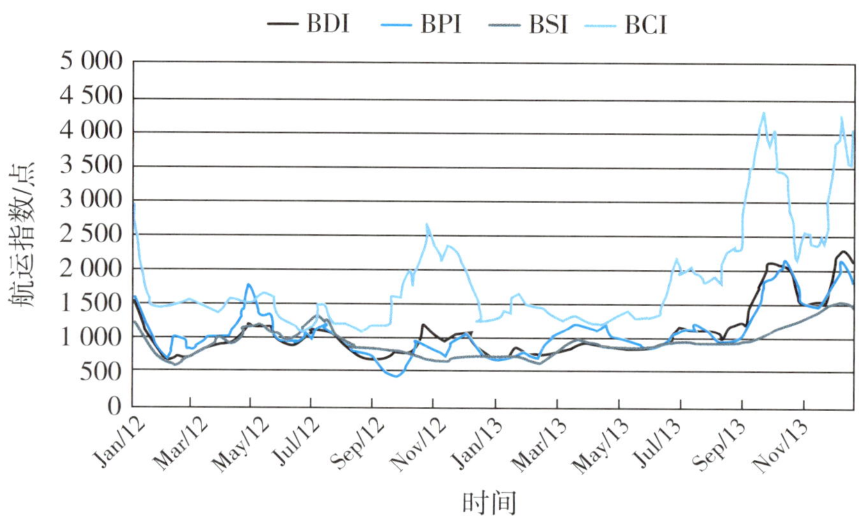

图 3-9 2012 年 1 月—2013 年 12 月航运指数走势

中海集运全年实现营业收入 343.4 亿元,同比增长 2.7%;税前盈利 1.52 亿元;完成重箱量 819.1 万 TEU,同比增长 2.0%;平均运费为 3 709 元/TEU,较 2012 年同比减少约 7.6%,其中外贸航线平均运费为 5 172 元/TEU,同比减少约 13.5%,主要是由于 2013 年度国际航运市场需求不振,受供需失衡加剧影响,主流航线整体运价水平较 2012 年偏低。

2013 年,中远集运完成重箱量 870.2 万 TEU,同比增长 8.5%;在上海港作业量进一步提高,达到 319.3 万 TEU,同比增长 6.1%,份额达 9.9%,其中国际航线箱量达 205 万 TEU,同比增长 6.7%。在上海港国际中转作业量达 19 万 TEU,同比大幅增长 79.2%,进一步巩固和提升了公司在上海港的中转地位。全年中远集运实现营业收入 425.35 亿元,实现营业利润 -10.9 亿元,实现归属于母公司所有者的净利润 -14.26 亿元(见表 3-5)。

表 3－5　2013 年典型班轮公司经营业绩情况

企业	净利润
中海集运	－26.50 亿元
中远集运	－14.26 亿元
马士基航运	15.10 亿美元
达飞轮船	4.08 亿美元
东方海外	0.47 亿美元

为应对低迷的航运市场，提高盈利空间，航运企业在积极争取政策支持的同时，主动采取措施自救，取得一定成效，主要采取的策略如下：

航运企业继续寻求降本增效的措施。一是通过完善燃油、港口使费、保险费等产品和服务的集中采购制度，减轻成本压力；二是进一步完善燃油附加费定价模式，加强对滞期费等的催收管理，积极增收；三是减速航行，部分集装箱船施行超低负荷运营，以降低燃油成本；四是加快船舶节油技术更新，推进节能减排新技术应用，减少单位里程燃油消耗；五是部分船公司采取裁员措施，降低人工成本；六是不少船公司通过发行公司债拓宽融资渠道。

强化联盟合作，调整运力投放。一是班轮公司大幅削减运力，减少运力投放，实施运价恢复计划来稳定经营利润；二是优化网络布局与航线合作，班轮公司航线调整较频繁，船舶共享、相互共舱、结盟增多，以舱位互换联营航线等合作方式来提高舱位利用率；三是行业广泛采用指数挂钩合同的势头快速上升，不少班轮公司探索采用这种新定价方式签订合同。

加强市场营销，深化大客户合作战略。船公司继续加强市场开拓，深化巩固与大客户的合作关系，进一步加强和扩大与货主企业的合作，稳定货源，平抑市场和运价波动带来的经营风险，同时提升差异化服务水平，努力为客户降低成本。

航运企业加快结构调整和转型发展。一是进行船队结构调整。根据市场的供需变化情况不断调整船队结构，同时结合新的细分市场需求动态，适时发展 LNG 船、汽车船等非传统领域的船队。二是进行船型结构调整。加快处置高能耗、高成本以及市场竞争优势不明显的老旧船，顺应船舶大型化、低碳化的航运市场发展趋势，研究开发节能环保性能好、经济性与适应性强的新船型。三是进行产业结构调整。适度向航运上下游产业链拓展，发展延伸服务，打造电子商务平台，增强企业价值链竞争优势，增强企业经营的平稳性和可持续发展能力。四是进行投资重点转移，不少航运企业将投资重点转向核心业务。

（2）沿海货运

2013 年沿海散货运输市场先抑后扬，前 7 个月沿海干散货运价持续回落。8 月份以后，受南方特别是长三角地区的极端酷热天气的影响，用电需求迅速攀升，电厂拉煤积极性有所提振，运价快速反弹；接着受国际干散货市场提振以及北方恶劣天气的影响，沿海煤炭运价迅速攀上近年来高位。截至12月27日,中国沿海散货运价指数报收于1 357点,较年初上涨28.7%,全年平均值为1 125点,同比上升2.5%;秦皇岛至上海煤炭航线的全年日平均运价为42.5元/t,同比上升9.4%,市场表现明显好于上年(见图3-10)。

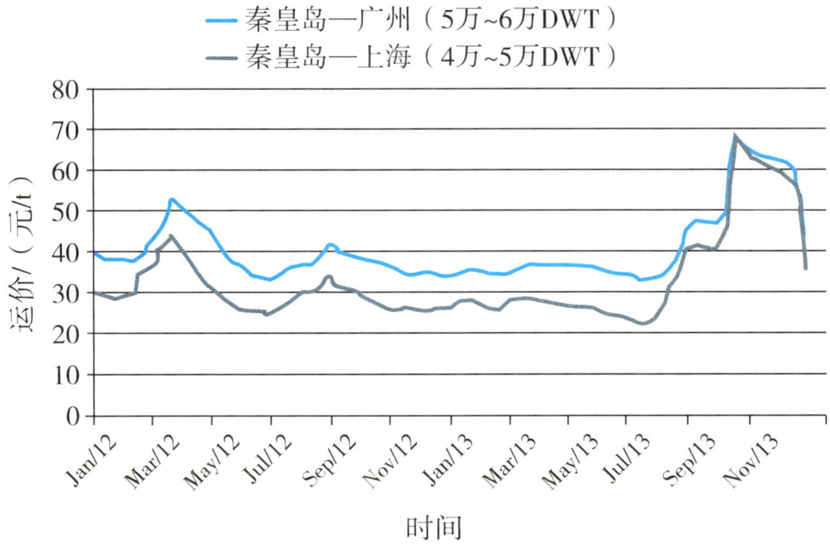

图3-10 2012年1月—2013年12月秦皇岛—上海沿海煤炭运价走势

2013年上海海运企业累计完成沿海货运量28 758万t,同比下降4.6%;累计完成沿海货物周转量3 885.8亿t·km,同比下降1.2%(见图3-11)。

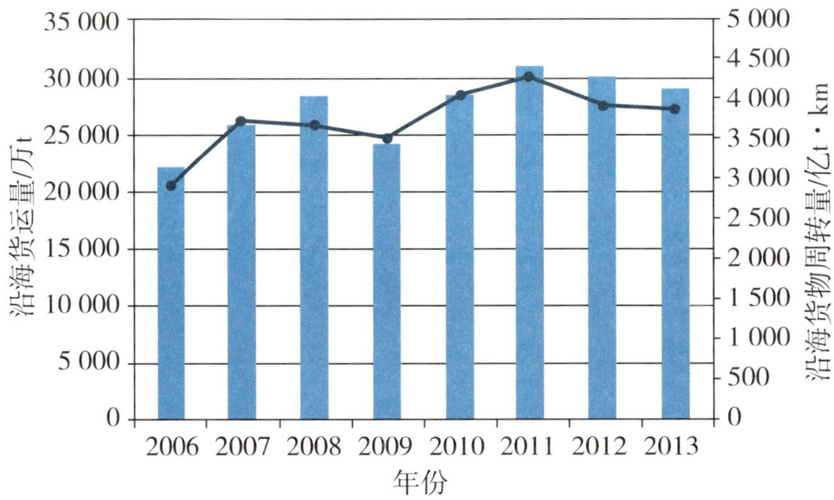

图3-11 2006—2013年上海沿海货运量、周转量趋势

(3)内河货运

受基础设施投资建设放缓和房地产市场调控等因素影响,矿建材料、水泥和钢铁等内河主要货种需求放缓,内河水运缺乏增长动能,2013年上海内河运输企业累计完成内河货运量2 684万t,同比增长0.8%,基本与2012年持平(见图3-12和3-13),增速较2012年下降8个百分点;累计完成货物周转量49.2亿t·km,同比增长0.5%。

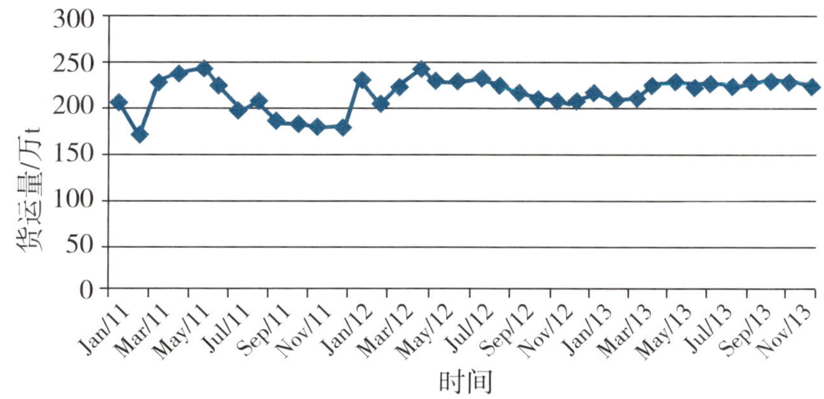

图 3－12　2011 年 1 月—2013 年 12 月上海内河货运量趋势

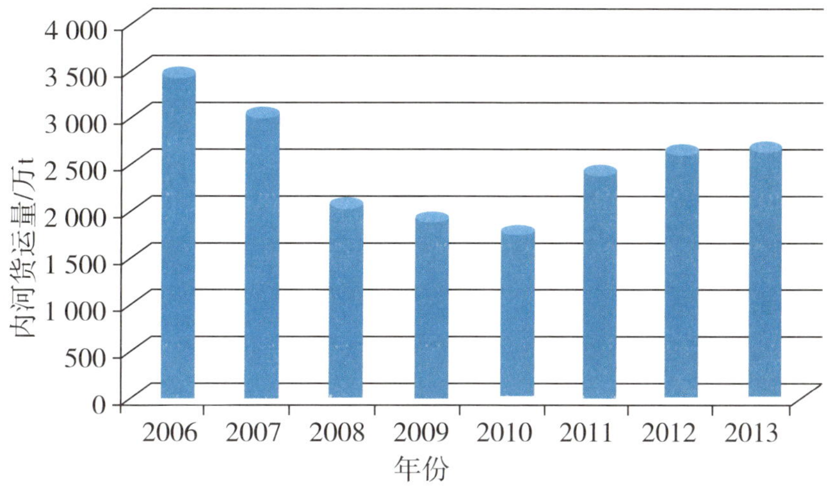

图 3－13　2006—2013 年上海内河货运量趋势

2013 年上海内河进出港签证船舶量达到 64.9 万艘次，同比下降 9.7%，总吨位为 19 986.3 万 t，同比下降 7.5%，平均总吨位为 308 万 t，平均载重量为 440 万 t。其中危险品船 13 358 艘次，同比下降 5.4%。进出港船舶仍以三等船舶和四等船舶为主，分别为 27.6 万艘次和 33.6 万艘次，分别占内河签证船舶量的 42.5% 和 51.7%（见表 3－6），同比分别增长 3.3% 和下降 17.5%，说明内河船舶大型化趋势日益明显。

表 3－6　2013 年上海内河进出港签证船舶量

项目名称		数量/艘			功率/kW	总吨位/GRT	总载质量/t
		合计	客船	危险品船			
总计		648 742	17	13 358	110 658 319.66	199 863 398	285 983 507
进港船舶	小计	324 457	9	6 589	55 354 423.95	99 976 055	143 056 160
	一等船舶	6 546	0	0	8 747 441.00	26 107 935	42 582 267

(续表)

项目名称		数量/艘			功率/kW	总吨位/GRT	总载质量/t
		合计	客船	危险品船			
进港船舶	二等船舶	7 640	3	23	3 082 464.60	6 750 205	11 006 922
	三等船舶	138 046	2	2 374	24 277 665.00	42 919 359	60 230 730
	四等船舶	167 791	1	4 239	19 040 697.00	24 027 889	28 941 992
	五等船舶	4 434	3	53	206 156.35	170 667	194 249
出港船舶	小计	324 285	8	6 669	55 303 895.71	99 887 343	142 927 347
	一等船舶	6 536	0	0	8 736 511.00	26 073 019	42 619 136
	二等船舶	7 621	2	23	3 075 117.20	6 733 204	10 983 450
	三等船舶	137 954	2	2 366	24 259 060.00	42 888 133	60 191 070
	四等船舶	167 750	1	4 228	19 026 934.00	24 022 679	28 939 988
	五等船舶	4 424	3	52	206 273.51	170 308	193 703

2013 年,上港集团大力推动上海周边地区内河支线港口开发,同时加强与其业务推介和合作,畅通内河运输业务条线,稳定浙北、皖南及环太湖内河腹地货源。上海内河集装箱业务呈强劲增长态势,连续 2 年翻倍增长,成为集疏运体系增长最快的部分。全年上海内河集装箱运量 22.5 万 TEU,同比增长 92.2%。尽管上海内河集装箱运量增速较快,但总体规模相对海港集装箱吞吐量而言体力仍较小,内河中转比重还不足 1%,与上海国际航运中心建设中现代航运集疏运体系和水上高速公路的要求还有较大差距。随着内河集装箱运输通道建成、配套设施完善、箱源拓展、干支港口衔接优化和市场培育步伐加快,内河将是优化现代航运集疏运体系、缓解本市道路交通压力的重要措施,内河优势和运能将有较大释放空间,内河集装箱运输未来可期。

2. *船舶客运*

(1) 国际客运

上海国际客运业务包括邮轮业务和客货班轮业务。2013 年,随着中国特别是长三角邮轮旅游需求的强劲增长和邮轮公司加大对中国市场的运力投放,上海邮轮业务量呈井喷式增长,靠泊邮轮艘次和旅客吞吐量蝉联全国第一,邮轮母港吸引力加速提升。全年上海邮轮母港靠泊邮轮 197 艘次,同比增长 62.8%;邮轮旅客吞吐量 75.66 万人次,同比增长 116.0%(见图 3-14),占全国邮轮母港市场份额 64.9%,较 2012 年提升 8.8 个百分点,上海邮轮母港在全国的地位和作用进一步提升。其中,靠泊母港邮轮 167 艘次,同比增长 142%;旅客吞吐量 69.79 万人次,同比增长 172.6%。母港主要航线为日韩航线和少量台湾航线。

上海港国际客运中心(以下简称国客中心)母港航线由丽星邮轮“双子星号”和海航旅

业“海娜号”执行。上海吴淞口国际邮轮港母港航线由皇家加勒比“海洋航行者号”“海洋水手号”和歌诗达“维多利亚号”“大西洋号”执行，其中，“大西洋号”首次执行全年以上海为母港的运营计划，并运营冬季母港航次。

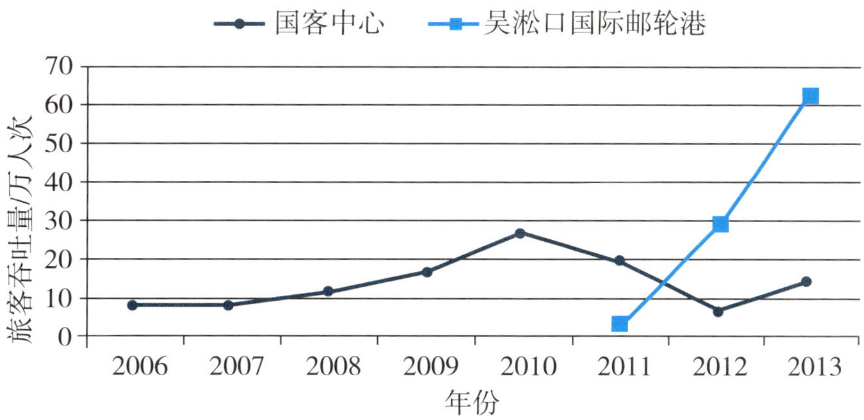

图 3-14　2006—2013 年上海港国际客运中心、吴淞口国际邮轮港旅客吞吐量

2013 年上海邮轮旅游市场持续拓展。邮轮经济要素加快集聚，歌诗达和皇家加勒比均在上海成立了经营国际邮轮业务的外商独资船务公司，公主邮轮也在积极申请；邮轮订舱平台加快建设；“上海国际邮轮旅游人才培训基地”建设有序推进，着力培养邮轮旅游等多层次专业人才；邮轮配套服务体系逐步完善，旅行社、免税店、码头商务会展等衍生业务运作良好，成为主营业务的有效补充；国客中心邮轮保税仓库成功获批；邮轮产业的运营环境在国家各级部门的重视下得到不断完善。中国邮轮旅游发展实验区建设加快推进，相关部门形成工作合力，公海游、72 h 过境免签等政策正加快突破。2013 年 9 月 29 日，中国（上海）自由贸易试验区正式启动运作，标志着新一轮改革开放进入制度性创新阶段，扩大开放、金融改革创新、投资贸易便利化、口岸便利化、加快政府职能转变等措施将对邮轮产业制度创新带来重大红利。

中日航线国际客货班轮业务分别由上海国际轮渡有限公司的“苏州号”轮和中日国际轮渡有限公司的“新鉴真号”轮运营，均为客货滚装船，分别拥有旅客客位 272 个和 345 个。2013 年，受中日关系影响，国客中心国际客货班轮停靠 95 艘次，同比下降 4.0%；旅客吞吐量完成 1.42 万人次，同比下降 10%，延续下降态势（见图 3-15）。其中，出港人数 0.8 万人次，同比下降 2.4%；进港人数 0.62 万人次，同比下降 17.3%。

（2）沿海客运

上海沿海客运航线主要包括崇明三岛水路客运航线和上海至舟山的客运航线，其中以崇明三岛水路客运航线为主。2013 年上海累计完成沿海客运量 365.2 万人次，同比增长 1.1%；完成旅客周转量 8 826.6 万人公里，同比减少 0.1%，延续下降趋势。

崇明三岛水路客运由上海市客运轮船有限公司和上海亚通股份有限公司营运，主营市区往返三岛的车客运输业务。截至 2013 年底,共营运船舶 32 艘,营运航线自 12 月起调整为 8 条,较 2012 年增加 1 条航线。全年累计完成客运量 363.2 万人次,同比增长 2%,保持小幅增长;旅客周转量 8 592.8 万人公里,同比增长 2.7%(见图 3－16 和 3－17);车运量 76.9 万辆次,同比增长 8.9%。长江隧桥的开通改变了崇明三岛客运结构,对崇明三岛水路客运带来较大冲击,崇明三岛水路客运量缺乏增长动能,企业经济效益下滑。为扭转不利形势,消减由此产生的种种压力,崇明三岛水路客运企业采取消减运力、优化航线航班、降低经营成本、资产置换、拓展市场(诸如商务包船、旅游包船、岛内大型企业通勤业务等特需市场)等一系列策略积极应对,加快转型发展;同时整合资源,提高岸线资源利用率,科学合理调整崇明三岛客运码头功能。

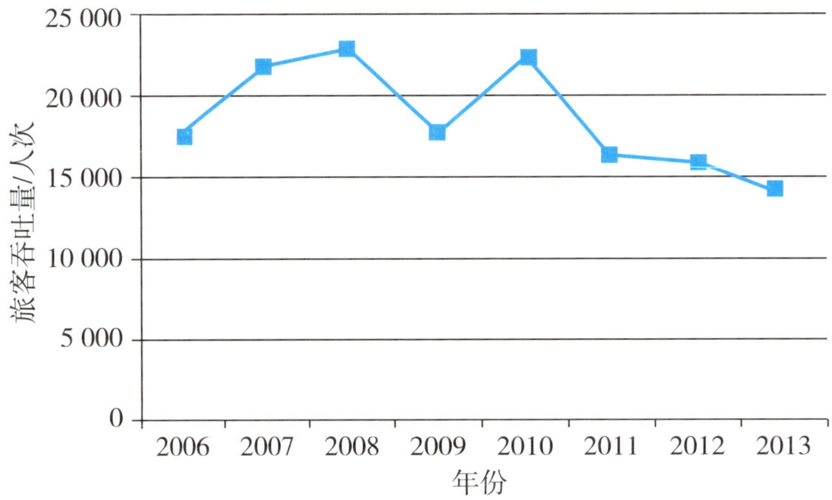

图 3－15　2006—2013 年国际客货班轮出入境人数趋势

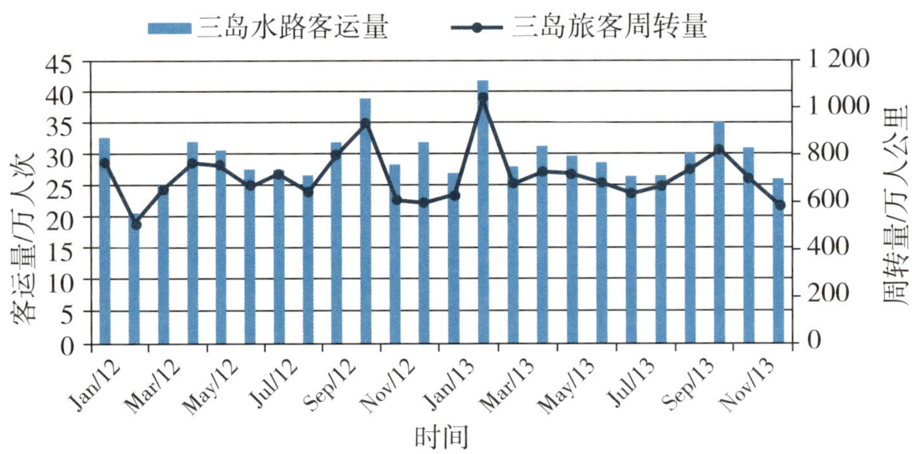

图 3－16　2012 年 1 月—2013 年 12 月崇明三岛水路客运量和旅客周转量趋势

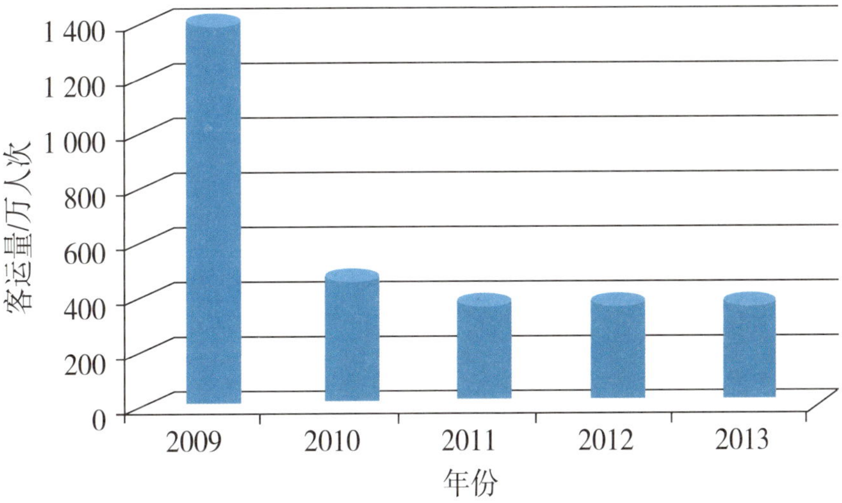

图 3-17　2009—2013 年崇明三岛水路客运量趋势

(3) 城市轮渡

上海市轮渡有限公司进一步优化调整航线运力,严格控制运力总量,改善乘渡环境。截至 2013 年底,轮渡公司拥有营运船舶 53 艘,以 1 000 客位船型为主,较 2012 年减少 3 艘(见图 3-18)。民丹线、其秦线和西闵线调整为空调航线,使市轮渡 18 条航线中的空调轮渡航线增至 12 条。

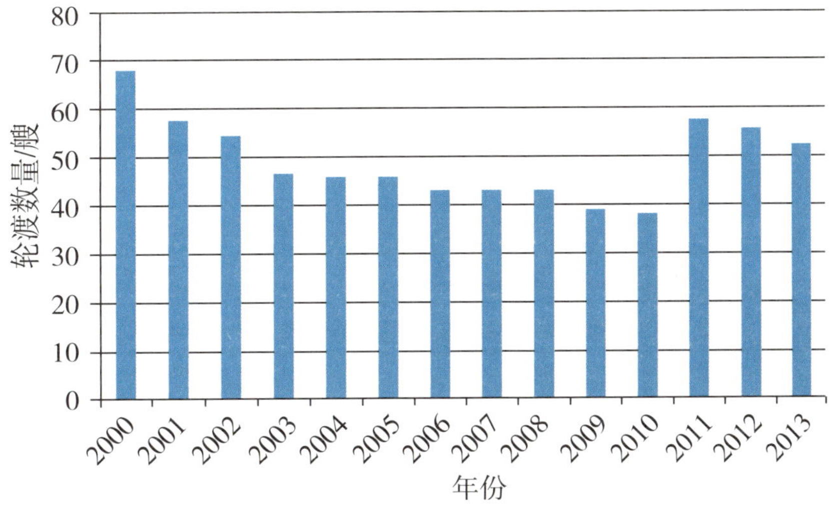

图 3-18　2000—2013 年城市轮渡运力增长趋势

先后完成世博渡轮实用性技术改进:新增舵杆密封装置改造 18 艘;发电机组防护装置改装 21 艘;发电机组并车负荷控制系统改进 6 艘;沃尔沃主机启动装置改装 22 艘。“船舶移动门传动装置”获国家专利。

2013 全年城市轮渡对江渡的客运量、货运量、客渡机动车和人力货车运量分别完成 6 367.68万人次,1.58 万 t,79.04 万辆次和 5.71 万辆次,分别比 2012 年下降 12.3%,

4.37%,23.67%和14.9%(见图3-19)。营业收入完成6 741.6万元(含税),同比增长14.09%(见图3-20)。轮渡的主要运营指标保持持续下降态势,业务量萎缩明显(见图3-21),轮渡公司经营持续亏损。在新形势下,加快城市轮渡转型发展、寻找新的经济增长点势在必行,亟需进一步提升轮渡公益性服务质量,提高企业市场化管理效率。

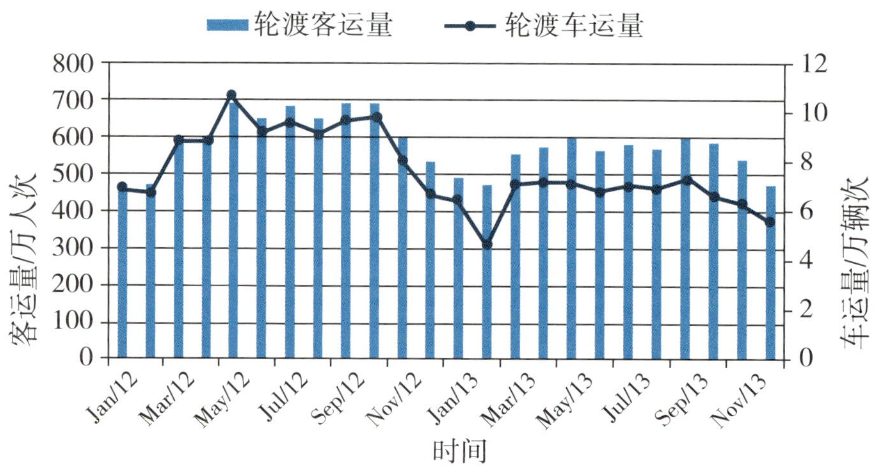

图3-19　2012年1月—2013年12月城市轮渡客运量、车运量趋势

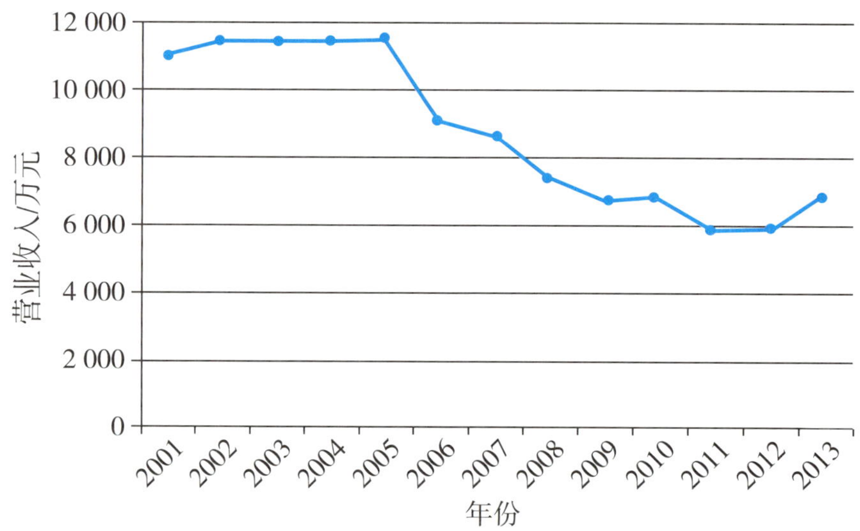

图3-20　2001—2013年轮渡公司营业收入

●水上游览

近年来,上海以浦江游览、苏州河游览及淀山湖游览等为主的水上旅游成为新的旅游经济增长点,呈现良好发展态势,特别是浦江游览已成为上海较具特色的旅游项目,受到越来越多游客的青睐。为了提振水上旅游市场,原市交通港口局采取一系列措施进行监管,包括遏制"黄牛"返潮现象、实施统一售票、重新调整和定位码头功能、开展行业宣传等多项举措确保水上游览市场的健康运行。

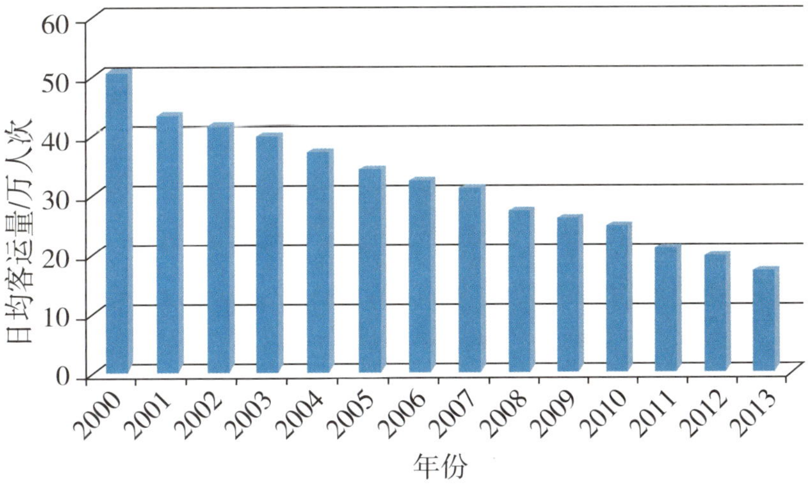

图 3-21 2001—2013 年城市轮渡日均客运量趋势

截至 2013 年底，从事黄浦江水上游览的游船公司共有 9 家，运力由高到低依次是上海浦江游览有限公司、上海名信游船有限公司、上海长江轮船公司、上海强生水上旅游有限公司、上海巴士旅游船务有限公司、上海明珠水上娱乐发展有限公司、上海风采航运旅游有限公司、上海盛融国际游船有限公司、上海寰岛轮船有限公司。总运力较 2012 年无变化，共有游船 33 艘、客位数 11 336 个（见表 3-7），最大船舶为 1 000 客位，最小船舶为 118 客位。目前浦江游览业务以“精华游”航线为主，该航线业务约占 90%，且游船以晚间航班接待为主，日间接待量萎缩。

表 3-7 浦江游览游船公司运力情况

浦江游览游船公司名称	船舶数量/艘	客位数/个
上海浦江游览有限公司	9	3 372
上海名信游船有限公司	5	1 498
上海长江轮船公司	4	1 786
上海强生水上旅游有限公司	4	1 218
上海巴士旅游船务有限公司	3	1 198
上海明珠水上娱乐发展有限公司	3	780
上海风采航运旅游有限公司	2	650
上海盛融国际游船有限公司	2	384
上海寰岛轮船有限公司	1	450
合计	33	11 336

2013 年，浦江游览客运量完成 265.6 万人次，同比下降 19.9%（见图 3-22）；完成旅客周转量 1 328 万人公里，同比下降 19.9%。受整体旅游市场不景气的影响，2013 年市内各类

水上旅游项目游客量均呈下降趋势,浦江游览客运量在2010年世博会达到峰值后呈明显持续下降态势。苏州河水上游览客运量见图3-23和图3-24。

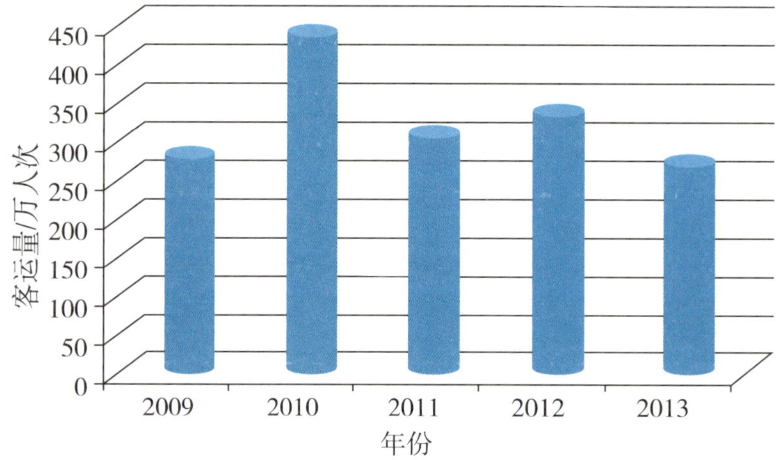

图3-22　2009—2013年浦江游览客运量

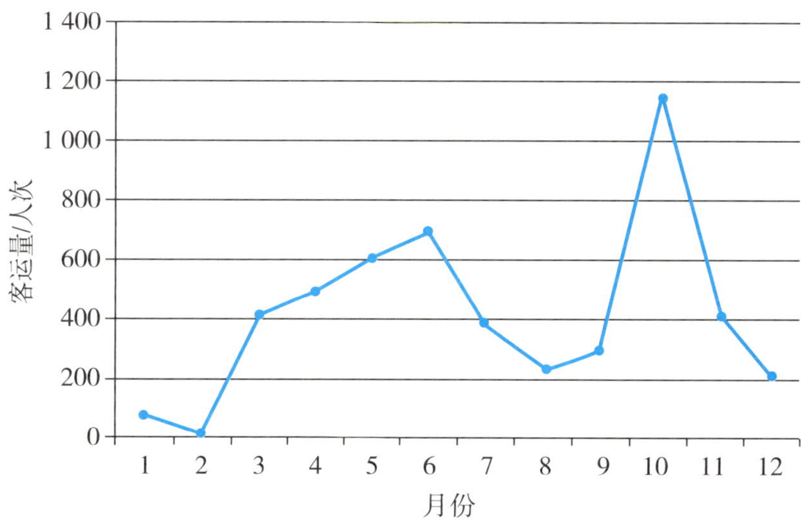

图3-23　2013年苏州河水上游览客运量

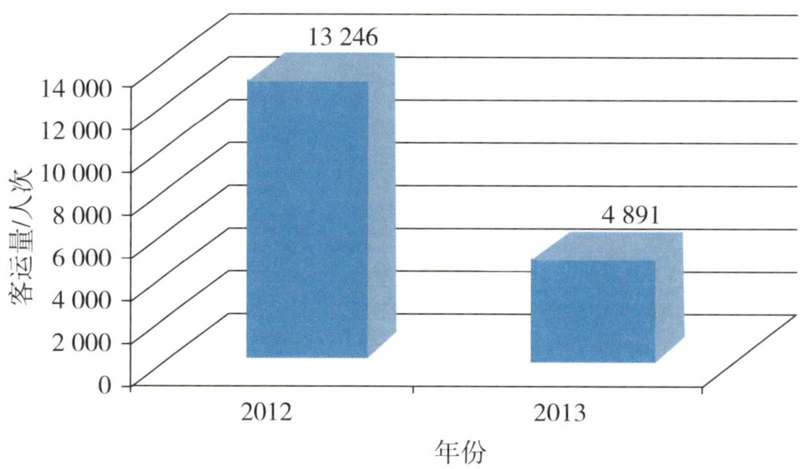

图3-24　2012—2013年苏州河水上游览客运量

近年来,游艇业作为新兴业态,方兴未艾。截至2013年底,我国已经成为世界第六大游艇生产国,经营游艇进出口贸易的生产企业共有118家,各种类型游艇生产企业近400家,遍布全国16个省市,各种类型的游艇俱乐部数量达到154家,已经建成的106家,正在新建的48家,建成的游艇泊位7 887个。

上海港国客中心加快游艇业务拓展,将原备用邮轮泊位改造为游艇码头,2013年已建成并投入使用,成为上海唯一可停靠外籍游艇的国际游艇码头,其中小港池内可同时停靠5艘游艇,增设的公平路以西部分码头岸线长192 m,可停靠8~10艘游艇。国客中心发展游艇产业的基础设施条件逐步完善。计划以码头资源为依托,以北外滩高档商圈发展为基础,打造国际化游艇俱乐部,使之成为集游艇靠泊、租赁、仓储、维修保养、展示销售、高端会所、商业服务、游艇驾校等多功能于一体的休闲场所。

淀山湖游艇业发展已初具规模,截至2013年底,湖区共有规模较大的游艇经营企业4家,运力由高到低依次是上海朱家角古镇旅游发展有限公司、上海大观园飞豹游艇俱乐部有限公司、上海晨光游艇驾驶培训有限公司、上海珠溪水上旅游有限公司,共营运游艇48艘,客位数249个(见表3-8),从事水上游玩、水上竞技、水上会务和水上驾校培训等业务。福克游艇俱乐部、东兴国际游艇俱乐部、莱悦游艇俱乐部等一批游艇俱乐部正快速发展。

表3-8 淀山湖游览公司运力情况

淀山湖游览名称	船舶数量/艘	客位数/个
上海朱家角古镇旅游发展有限公司	32	96
上海大观园飞豹游艇俱乐部有限公司	8	60
上海晨光游艇驾驶培训有限公司	7	53
上海珠溪水上旅游有限公司	1	40
合计	48	249

(二)航运辅助业

1. 船舶代理

截至2013年底,上海市国际船舶代理公司共142家,与2012年持平。原市交通港口局继续加强船舶代理市场监管,促进行业稳定发展;加强船舶代理行业经营行为的日常监管,逐步健全诚信管理制度和经营资质预警及动态监管机制;不断加大船舶代理市场监管力度,对达不到经营资质的公司责令其整改;会同有关部门严厉打击市场垄断和不当竞争行为,维护良好的市场经营环境。

2. 无船承运

截至2013年底,在上海注册登记的无船承运企业共计1 172家(不包括通过上海上报的境外无船承运企业),同比增长6.9%,约占全国无船承运企业总数的1/4,上海仍是全国注册登记无船承运企业数量最多、业务量最集中的地区。不断发展壮大的无船承运业是服务上海国际航运中心建设不可缺少的、非常活跃的基本航运市场要素。据统计,在班轮公司承运的集装箱运输量中有超过60%的货是通过无船承运人订舱的,无船承运人在国际海运事业中有着重要的地位和作用。

2013 年继续完善两项管理制度:一是深化无船承运人运价备案制度。根据《中华人民共和国国际海运条例》及其实施细则规定,国家交通主管部门是无船承运市场的管理主体,地方交通主管部门主要履行无船承运企业提单登记环节的初审和后续的市场监管职能,并可根据交通运输部授权,对违规企业实行行政处罚。原市交通港口局根据交通运输部的授权,先后完成对中日航线和部分无船承运企业运价备案执行情况的调查取证工作,积极推进深化运价备案。二是责任保险制度。继续实行保证金保险制度,无船承运企业可以选择保证金保险方式来进一步降低经营成本和增强企业经营活力,从而使资金方面的准入门槛进一步降低,给中小企业进入市场提供机会。

3. 船舶管理

截至2013 年底,上海共有船舶管理公司107 家,其中国内船舶管理公司19 家,国际船舶管理公司68 家,国际、国内兼营的船舶管理公司20 家,管理各类船舶1 000 余艘。原市交通港口局认真落实自贸区总体方案关于推进航运服务业开放的工作任务,制定设立外商独资国际船舶管理企业实施细则,自贸区第一家外资国际船舶管理企业——上海润元船舶管理有限公司成立。

4. 船舶检验

2013 年,中国船级社上海分社完成入级营运船舶检验704 艘次,同比下降2.4%;船舶ISM/ISPS/SSP 审核729 艘次,同比增长40.5%;新造入级船舶检验14 艘(58.6 万总吨),同比下降41.7%和41.5%;新造国内船舶检验19 艘(13 494 总吨),同比增长137.5%和287.6%;国内船舶营运检验765 艘次,NSM 审核63 次,同比下降7.3%和16%;产品检验4 653项次、工厂认可96 家、型式认可176 套、产品审图572 套,同比分别下降16.7%,增长146.2%,增长5.4%,下降11%;国内船舶审图1 050 批次,完成980 批次,同比下降37.5%和42.5%。

中国船级社上海分社积极参与上海国际航运中心建设,不断提升服务行业发展的能力和水平,主要开展了以下几个方面的工作:一是积极应对PSC(港口国控制)集中大检查,编写CIC(港口国集中大检查)指南。二是集中力量有效应对《2006 年海事劳工公约》集中履约,编写《MLC 2006 履约缺陷汇总》小册子供辖区客户参考。三是扎实开展科研项目,承担社总部立项的"CSAD(国内入籍)船舶检验业务对标研究""船舶焊接检验质量控制研究""新型船舶涂料认可检验研究"等课题研究并已经结题。四是大力推进高技术船舶和海工项目检验。继续做好美孚三井LNG 项目检验,积极推进APLNG 项目6 艘LNGC 检验的准备工作;密切配合江南造船集团,确保"雪龙"号破冰船重大改建项目顺利实施;加大海工项目的投入,确保400英尺移动平台和"天外天"平台检验的顺利进行;积极介入平北黄岩油气一期、二期海工项目;继续落实LR－7深潜器的入级要求,为深潜器顺利进行海试打下基础。五是积极推进"LNG双燃料动力"和苏州河纯电动船试点工作。六是积极支持上海地区游艇产业发展,已为多家游艇厂进行游艇厂评估,并开展了10多艘游艇审图和前期服务工作。七是认真做好重点船舶、高技术高附加值的船用产品的审图、认可、检验工作。成立中海万箱集装箱船的项目组,积极开展沪东中华造船集团及大连船舶重工集团装备制造有限公司建造的万箱船产品审图和检验,全年完成该项目审图56份。首次独立完成中船江南重工H2504双船级(CCS/BV)液化船6 500 m^3 液化乙烯罐和世界首制G70ME－C型柴油机的型式试验检验工作。八是全力推动亚洲船级社协会常设秘书处落户上海,并加强与银行等金融机构合作,助力上海地区造船及航运发展。

2013年,上海市船舶检验处共完成新建船舶设计审图30套,与2012年相同;建造检验船舶31艘(6 408总吨),较2012年减少5艘(145 021总吨);营运检验船舶1 080艘(1 270 920总吨);完成产品检验66项(见表3－9)、沿跨河项目设计方案审查42项、桥梁等涉水项目通航安全影响论证审查17件,办理临时岸线证29个,办理岸线证13个。总体上看,建造检验船舶业务较2012年有明显减少,总吨位较2012年减少95.8%,主要是受航运市场持续低迷、船舶所有人推迟或取消造船订单的因素影响。

表3－9 2013年上海市船舶检验处船检业务量

指标	2013年
新建船舶设计审图	30套
建造检验船舶	31艘,6 408总吨
营运检验船舶	1 080艘,1 270 920总吨
产品检验	66项

2013年,上海海事局承担全国注册验船师资格考试专家委员会秘书处职责,顺利完成专家委员会秘书处工作和辖区考试考务组织工作。全年考区应考674人次,实考523人次,参加考试的考生总计201人。在船舶龙骨安放方面,共组织实施安放龙骨日期确认15起,完工日期确认9起,实施船舶临时吨位证书发证188艘,进行现场复核89艘,计算复核92艘。此外,还组织承办了中国海事局2013年外国在华验船公司年会,21家外国在华验船公司及其总部的代表共60余人参会。

5. 船舶登记

截至2013年底,上海海事局登记注册船舶为2 336艘(1 864.0万总吨)(见表3－10),较2012年增加66艘(176.3万总吨),增量主要为国际航行船舶和国内沿海船舶,内河船舶的注册数量略有减少。其中,国际航行船舶433艘(1 135.7万总吨),较2012年增加37艘

(102.2万总吨),增幅最大,吨位增量约占总增量的58%;国内沿海船舶1 094艘(626.3万总吨),较2012年增加42艘(73.2万总吨);内河船舶为809艘(102.0万总吨),较2012年减少13艘,而船舶总吨位增加0.9万总吨,反映出内河船舶大型化趋势明显。其中,特案免税登记船舶27艘(33.7万总吨),维持2012年的数量,总体规模较小,说明中资国际航行船舶特案免税政策在实施过程中并未收到预期的效果。"中国洋山港"籍保税船舶登记完成4艘,累计5艘。2013年,上海海事局加快推进自贸区国际船舶登记制度建立,启动试点工作,在登记主体、船龄、外籍船员雇佣、船籍港、登记种类等5个方面进行突破,同时,对登记程序和相关配套程序进行优化、完善,切实提高国际船舶登记效率。

表3-10 2013年上海登记注册船舶情况一览

指标	船舶数量/艘	船舶总吨位/GRT
总量	2 336	18 639 563
国际航行船舶	433	11 356 563
国内沿海船舶	1 094	6 263 330
内河航运船舶	809	1 019 670
特案免税登记	27	336 582

6. 水上救捞和应急管理

2013年,交通运输部上海打捞局完成各类抢险救助打捞任务24起(国内海域19起,国外海域5起),其中公益性救助12起,商业性清障打捞2起,商业性救助10起。安排法定长假及重要时段值班待命492艘天,较好地履行抢险打捞职责。积极推进500 m深潜水工作母船项目,16 000 kW多用途远洋拖轮"德深"轮、16 000 kW三用工作船"华虎"轮下水。核心业务技术实现重大突破,饱和潜水人员在"深潜号"的支持下,成功潜至198 m水深,圆满完成南海气田开发项目的深水作业,创造了中国饱和潜水海上作业新的潜水记录。"威力"轮继首次运用DP HEAVY LIFT模式成功开展2 380 t吊装作业后,顺利完成2 800 t模块的吊装任务,达到装备的最大吊重极限。"华鹏"轮、"德海"轮首次实施了为钻井平台750 m水深的起抛锚作业。

2013年,交通运输部东海救助局全年累计执行救助值班待命6 618艘天,执行各类救助抢险任务724起,出动救助力量928次(船舶131艘次,救助艇123艇次,直升机197架次,应急反应救助队477次),援救各类遇险人员2 153人,救助遇险船舶32艘,获救财产价值估算42.592亿元人民币,为辖区海上安全形势稳定和经济社会发展做出积极贡献。其中,执行上海辖区海(水)上及陆域涉水救助任务155起,出动救助力量213次(其中救助船舶64艘次,直升机87架次,应急反应救助队62队次),援救各类遇险人员1 662名(其中外籍936名),打捞遇险人员遗体14具,救助遇险船舶8艘(其中外籍4艘),获救财产价值估算35.669亿元人民币。完成重大救助任务主要有：成功救助“达飞佛罗里达”轮、“龙虎山”轮、“海泓达”轮、“超级太阳”轮及船上遇险人员等。成功救助在长江口1#锚地因螺旋桨被渔网缠绕而失去动力的巴哈马籍邮轮“双子星”轮，船上1 448名遇险人员获救。

2013年，上海海事局73艘巡逻艇共计巡航26 882次，巡航里程587 810海里。全年共完成搜救行动243次，出动海事巡逻艇309艘次，专业救助船舶63艘次，飞机91架次（其中海事空巡飞机16架次），社会船舶323艘次，救助成功2 787人次（遇险2 833人次），搜救成功率达98.38%，搜救应急能力显著提高。成功处置“达飞佛罗里达”轮与“舟山”轮碰撞沉船事故、“超级太阳”轮火灾事故等多起险情事故，特别是成功处置3月19日“达飞佛罗里达”轮与“舟山”轮的碰撞事故，开创了我国海事部门在专属经济区远海海域开展重大油污应急处置，与军队、海监等部门协同开展海上溢油大范围连续应急监测的先河，为上海城市运行安全和国际航运中心建设提供有力的保障。

三、行业管理及服务状况

（一）法制建设

1. 上海市航运法律法规体系完善情况

2013年，原市交通港口局将立法重点与立法储备工作相结合，系统推进立法工作。

一是制定立法规划，完成《上海市交通港航地方性法规（2013—2017年）立法规划》，按时间节点上报市法制办和市人大。

二是开展法规规章调研，强化立法储备，开展《上海市水路运输管理条例》和《上海市内河通航安全管理办法》的修订调研工作。

三是制定规范性文件年度计划，制定印发《2013年度市交通港口局规范性文件制定计划》，全年拟制定3件、修改4件，同时完成计划外《上海港危险货物集装箱港内堆存作业管理规定（试行）》的法律审核工作，并经市法制办备案审查通过。

四是做好立法常规工作，研究并上报2014年度地方性法规和政府规章立法计划；按照市法制办部署，开展政府规章和规范性文件设定行政许可的清理工作，并上报清理结果；按照交通运输部水运局的部署，对水运法律、法规、规章和规范性文件进行清理，提出立改废意见。

2. 受理和审批航运行政许可情况

2013年，原市交通港口局积极推进行政审批制度改革，加快政府职能转变。一是召开原市交通港口局行政审批制度改革工作领导小组2013年第一次、第二次和第三次例会，印发《2013年市交通港口局行政审批制度改革工作要点》。二是开展“既受又理”试点评估工作。三是开展行政审批制度改革课题调研，根据《上海市人民政府办公厅关于做好本市政府职能转变和行政审批制度改革调研工作的通知》，就行政审批制度改革相关课题进行专题调研，形成调研报告。四是制定工作方案,深入推进“既受又理”工作,研究提出《市交通港口局关于深入推进行政审批制度改革的工作方案》。五是修改完善行政审批标准化办事指南和业务手册。六是完成市审改办布置的相关工作,对部分行政审批等事项清理情况进行确认,对市审改办提出的拟向郊区县下放的审批事权进行研究,并提出处理意见。

2013 年交通港航受理中心地方海事类业务 4 330 件(较 2012 年减少 21.92%),其中:船员类 1 512 件(同比减少 65.01%);船检类 1 140 件(同比减少 2.62%);国籍证书类 116 件(同比增加 73.13%);培训合格证类 1 546 件(2012 年无此数据);通航类 15 件(同比增加 7.14%);水上拖带大型设施和移动式平台许可 1 件。办结 3 980 件(同比减少 20.98%)。

3. 水上行政执法

2013 年,上海海事局进一步完善海事法律法规体系。出台《上海海事局游艇安全管理暂行办法》,支持上海港游艇产业的发展。出台《上海市海上搜寻救助管理办法》。完成《上海海事局辖区航运公司安全与预防污染分级管理办法(试行)》《上海海事局引航作业安全监督管理办法》《上海海事局桥区水域通航安全管理规定》等规范性文件,以提高上海港水上安全管理水平,培育健康航运市场环境。

上海海事局主动简政放权,服务航运发展。落实交通运输部及部海事局有关要求,分别取消、暂停、停止执行包括船舶修造、水上拆解地点确定审批、船舶进出沿海港口、长江和 LNG 船舶进出港口的强制性护航要求等多项行政审批事项。主动简政放权,已取消 14 项行政审批事项。积极探索现有行政审批事项的改革措施,进一步简化办理流程,下放办理权限,增设一线全权受理工作站点,便利行政相对人。

(二) 行业政策

面对复杂多变的国内外经济形势和持续低迷的航运市场,2013 年国家和上海市层面积极采取政策措施,推进行业持续健康发展,为行业发展提供政策支持。

1. 国家层面

2013 年 7 月 31 日,国务院发布《船舶工业加快结构调整促进转型升级实施方案(2013—2015 年)》(国发〔2013〕29 号)。提出鼓励老旧运输船舶提前报废更新;支持行政执法、公务船舶建造和渔船更新改造;鼓励开展船舶买方信贷业务;加大信贷融资支持和创新金融支持政策等扶持政策。

9 月 18 日,国务院发布《中国(上海)自由贸易试验区总体方案》(国发〔2013〕38 号),提出加快政府职能转变、扩大投资领域的开放、完善法制领域的制度保障、深化金融领域的开放创新等主要任务,标志着中国新一轮改革开放进入制度创新安排。继自贸区总体方案发布后,国家有关部委和上海市政府陆续出台一系列相关文件,制定实施细则和操作办法,特别是《交通运输部和上海市人民政府关于落实 < 中国(上海)自由贸易试验区总体方案 > 加快推进上海国际航运中心建设的实施意见》(交水发〔2013〕584 号),突出围绕自贸区的港航业创新重点。

4月23日，交通运输部发布《港口危险货物重大危险源监督管理办法（试行）》。7月10日，交通运输部发布《关于进一步促进台湾海峡两岸海上直航发展政策措施的公告》。8月26日，交通运输部办公厅印发《关于促进航运业转型升级健康发展的若干意见》，从淘汰老旧运输船舶，优化运力结构；加强政策引导，促进航运业转型升级；加强市场监管，创造良好发展环境；减轻企业负担，促进企业提高竞争力等方面提出措施。9月30日，交通运输部发布《交通运输部关于试行无船承运业务经营者保证金保函制度操作办法的通知》，试行无船承运业务经营者保证金保函制度，供无船承运人选择。

2. 地方层面

2013年，上海市政府发布2013版《上海市交通发展白皮书》，其中，具体提出加快国际航运中心建设，建成国际航运枢纽港的任务和措施。

（三）水运市场监管

原市交通港口局组织市区两级交通（航务）管理部门认真学习《国内水路运输管理条例》。明确和统一本市各级交通（航务）管理部门国内航运管理方面有关要求；主动联系直属海事部门，协调明确新水路运输管理条例纳管范围，建立健全双方的联系机制；开展2013年度国内水路运输企业的年度核查工作，并及时总结核查情况报交通运输部。

加强国内水路运输市场监管。落实《国内水路运输管理条例》，加强对水路运输企业和船舶经营行为的日常监管，逐步健全国内水路运输企业和船舶诚信管理制度、经营资质预警及动态监管机制。加大水路运输市场监管力度，对达不到经营资质条件的水路运输企业，责令其整改，对整改后仍不能满足安全生产条件的，依法取消其运输许可。会同有关部门严厉打击市场垄断和不当竞争行为，维护良好的市场经营环境。加强水路运输企业安全隐患排查治理力度，重点加强对"四客一危"运输企业的管理。健全对封闭水域内（除公园外）旅游客运市场的管理，逐步建立和完善载客12人以下小型客船运输市场的管理和日常监管。

加强国际航运市场监管。按照《中华人民共和国国际海运条例》及相关法律法规，加强国际海运及其辅助业市场准入管理，强化市场动态监督管理，加大调查执法力度，严格杜绝无经营资质擅自开展经营的行为，严肃查处恶性杀价等不正当竞争行为，促使辖区内经营者依法经营、公平竞争。强化企业守法诚信经营，严禁国际航运企业、无船承运企业以低于正常、合理水平的运价提供服务，例如以"零运价""负运价"方式承揽货物以及其他损害国际海运市场秩序的行为，妨碍公平竞争。

（四）水上安全监督管理

1. 内河水上通航安全监督

2013年，交通港航各级管理部门切实履行安全生产和管理职责，积极落实各项安全措施，确保行业安全生产形势总体受控。

2013年，原市交通港口局进一步加强水上安全监管，确保行业运行安全。

一是健全安全监管机制。调整局安委会成员；与区县交通主管部门和局属相关单位签订年度安全监管责任书；下发年度安全工作要点和任务分解表；坚持召开水陆危品和局安委会联络员季度例会；对部分区县和局属单位2012年度安全履职情况进行现场督查，并及时反馈督查情况。严格查处各类事故，配合市安监局、金山区开展“1·10”金山掘石港水污染事件调查。与市国资委搭建交通港航国有企业安全考核平台；与市安监局共同开展重点危险货物相关情况调查统计工作；与化工区管委会联合下发有关做好危险品运输工作的告知单，定期开展联合执法检查。

二是大力推进水运企业安全生产标准化。与全市水路运输企业签订安全生产责任承诺书，正式启动本市“四客一危”企业安全生产标准化考评，并加大动态检查和督促整改力度，确保水运市场安全形势总体受控。配合长航局开展安全生产标准化自评员、考评员培训。

三是加强日常安全监管。开展各类专项行动。在行业内深入开展“平安交通”创建、“打非治违”、“安全生产月”、内河渡口渡船安全管理专项整治“回头看”等专项行动；继续开展“四客一危”船舶专项整治，修订《上海市小型客船运输经营资质管理规定》。加强安全专项检查。在劳动节、国庆节等节假日和重要时期开展专项安全检查；针对“1·10”金山水污染事件，开展行业安全生产大检查工作；开展行业防汛防台和消防安全专项检查等。

四是强化安全基础建设。做好各项基础工作，完成行业年度安全事故情况报告、安全生产事故警示片、行业安全履职报告汇编。加强行业应急管理，做好行业2013年春运期间应急值守和“零报告”工作；配合市应急办开展有关应急资源普查工作；贯彻落实《上海市突发事件应急短信发布工作暂行办法》和《上海市突发事件预警信息发布管理暂行办法》，规范行业突发事件预警发布工作；完成局层面应急预案修订工作；研究开展行业应急能力专项调查。

2013年，市地方海事局认真贯彻落实交通运输部海事局和原市交通港口局关于水上安全监管的工作要求，着力构建防控平台，强化源头治理。

一是开展专项整治行动。根据交通运输部及原市交通港口局统一部署，相继组织开展一系列专项整治行动。3月1日—6月30日，市地方海事局各海事处在上海市内河水域开展为期4个月的船舶超载运输联合治理行动，有效降低上海市内河辖区重载出港船舶和短驳砂船的超载率。自6月起组织开展为期3个月的“百日安全大检查”。开展“打非治违”专项行动，组织全系统围绕本市内河港航重点行业开展“打非治违”专项行动，共查处各类非法违规行为450起，同时责令5家违法违规企业停产整顿。组织开展本市内河辖区港航安全大检查，重点对企业安全管理制度、应急处置预案、安全工作会议制度、船舶证件，以及经营人是否按许可的经营范围和适航区域营运等内容开展督导检查。

二是加强隐患排查。做好金山“1·10”事故后续处置。金山“1·10”事故发生后，立即在全市内河辖区开展港航安全大检查，共排查出隐患118项，对其中18项重大隐患进行挂牌督办，已有15项重大安全隐患完成整改。围绕“深刻吸取事故教训”“全市范围排查治理隐患”“跳出具体安全工作的再思考”角度，梳理确定后续安全监管的10项重点任务，并对相关推进落实情况进行跟踪督办。

三是加强渡口风险防控。一方面，协调地方政府，推进建立乡镇渡运保险机制，提升对乡镇渡运应急救助能力。除青浦新池渡、联农渡、叶港渡3家拟撤渡的渡口外，其他渡口均已由属地政府出资投保了涵盖船舶、船员、乘客安全责任及船舶污染责任的保险，大大提高事故风险防范能力。另一方面，鼓励相关区县政府撤销渡口，改善群众出行交通方式。青浦区已撤销练塘镇的长河渡，并制定涵盖新池渡、联农渡、叶港渡的撤渡计划；松江区准备对已停用的东勤渡予以撤销。

四是加强浮吊船规范管理。进一步统一浮吊船管理，规范其装载作业，有效降低短驳砂船的超载率。根据原市交通港口局有关要求和松江区政府有关建议，配合相关区县推进浮吊船清退工作，拟写本市浮吊整治报告和指导意见。

五是建立“水陆空”立体巡航体系。市地方海事局与水上公安局共同下发《2013年上海市地方海事机构、水上公安机关联动联勤协作工作指导意见》，签订联动协作协议，建立“水、陆、空”立体巡航、突发事件联合处置以及工作评估与交流等长效工作机制。制订立体巡航计划，并先后于4月26日、7月17日联合航空警务队对黄浦江上游、苏申外港线、淀山湖等辖区进行“水、空”联合巡航。

2013年，上海市内河港航安全形势平稳受控，水运行业发展规范有序。全市辖区发生一般以上等级水上交通事故5起，同比下降37.5%；沉船2艘，同比下降66.7%；直接经济损失54.3万元，同比下降88.8%；死亡4人，同比上升33.3%。在5起上报事故中，大事故4起，一般事故1起，无重大事故发生。成功救助遇险船舶109艘，救助遇险船员250人。

2. 船舶监督管理

2013年，上海海事局积极做好“四客一危”船舶专项检查及国内船舶消防安全专项检查，组织开展东京备忘录有关船舶推进装置及辅助设备集中检查活动，组织实施年度安检员注册，开展各类安检业务及特色培训，组织首席安检官的选拔聘用，成立港口国监督研究工作组。积极开展境外滞留船舶的应急处置和跟踪调查，对4艘上海籍国际航行船舶分别在境外被开具滞留报告的现象，及时启动应急处置和跟踪检查。全年共实施PSC检查790艘次，缺陷3 291项，滞留27艘次；实施FSC检查5 436艘次，缺陷44 531项，滞留201艘次。

协助交通运输部海事局起草《中华人民共和国海事局口岸开放管理规定》，组织开展船舶签证管理模式改革课题研究，审批非开放码头临时接靠国际航行船舶505艘次，开辟绿色通道，及时审批办理电厂码头临时接靠62艘国际航线的煤船。共查验国际航行船舶41 517艘次，办理国内航行船舶航次签证401 971艘次，定期签证22 968艘，定期签证累计航次数达1 245 141艘次。

3. 危险品和污染物监管

(1) 海港危险品和防污染监督管理

2013年,上海海事局继续加强危险品和防污染监督管理。

一是加强船载危险货物运输管理。全年共查处危险货物违法行为209起。10月起,上海海事局与上海出入境检验检疫局合作开展进出口危险化学品联合监管专项行动。

二是加强防治船舶污染管理。成功进行7起污染事故及4起危险品船闪爆、危险品集装箱泄漏险情事故的应急处置。组织相关单位编制整合上海港海域船舶污染防治能力建设专项规划。

三是积极推动青草沙水源地保护工作,开展青草沙附近水域危险化学品船舶管理制度与危险化学品事故应急能力建设专项课题研究,形成《长江上海段饮用水水源污染防治对策研究》课题研究报告并通过专家初评。

(2) 内河水域危险品和防污染监督管理

市地方海事局进一步抓危险品管理,强化污染防治工作。

一是加强饮用水水源保护地船舶防污染监管,青浦区地方海事处加大太浦河水厂取水口等水域的安全监管力度,每日定时蹲点监护,确保水厂取水口安全。

二是大力推进船舶污染风险防控工作,继续开展船舶污染责任保险推广工作,丰富船舶污染防治手段,增强船舶污染事故的应急处置能力。

三是进一步扩大船舶污染物接收试点范围,建立船舶垃圾回收鼓励机制,逐步提升船舶污染物接收率,建立防污染应急体系,加强辖区内船舶油料补给、船舶修造(拆解)、船舶污染物接收等作业现场监管。

四是持续完善危险品船舶安全监管机制,提升安全掌控能力。严把检查关,巩固船舶的安全航行状态,确保危险品船舶不"带病"航行。严把季节关,确保危险品船舶特殊期安全。开展夏季船舶载运危险货物安全专项检查,重点加强危险货物申报管理,强化危险货物装卸作业现场的监督管理。健全船舶载运危险货物全过程监管体系。

五是加强危险品码头资质管理,完成内河危险货物港口企业质量信誉考评。对全市持有《危险货物港口作业认可证》的码头单位开展现场调研,拟定内河危险品码头港区划界方案,召开危险货物港口作业安全培训会,强化企业安全生产主体责任意识。

4. 船员管理

(1) 海船船员管理

2013年,上海海事局在做好主业船员管理工作的同时,积极探索解决船员管理难点工作。编制海船船员船上见习记录簿和起草海船船员适任培训纲要,解决我国履行STCW公约马尼拉修正案难题;组织实施长江流域内河船舶配员研究,研究解决内河船舶配员不足的难题;进行极地航行船舶船员培训研究,为我国履约和国家极地战略服务;推进上海船员评估示范中心建设,开展自贸区船员管理研究,以评估中心建设和自贸区举措为突破口,探索船员管理的新发展。

全年上海辖区船员培训机构招生总规模为4 895人，共完成26 238人的合格证培训。全年共进行274期海船船员适任证书考试，适任考试理论共计27 066人次，评估共计16 093人次。签发“04规则”船员适任证书11 115本，“11规则”船员适任证书3 332本，“11规则”培训合格证34 260张。

上海海事局辖区新增3家海员外派机构，1家乙类服务机构。目前辖区共有海员外派机构和船员服务机构69家，其中海员外派机构25家，甲类船员服务机构23家(其中13家具备海员外派资质)，乙类船员服务机构37家(其中3家具备海员外派资质)。

上海海事局辖区新增1家船员培训机构，截至2013年底共有船员培训机构10家。自4月1日起，上海辖区推广实施船舶船员协同管理信息化，实现在船船员的动态监控和船员履职资历的闭环管理。截至2013年底，辖区注册船员总量为59 188人，78.96%的船员完成身份信息采集。

2013年8月20日，《2006年海事劳工公约》正式生效。上海海事局积极推进履约准备工作、开展非传统船员管理领域前瞻性研究。

2013年，上海船员评估示范中心建设工作取得突破性进展。评估示范中心项目基础设施建设设计和资金事宜已落实，初步拟定上海海事局推进评估示范中心建设实施方案，初步审定评估示范中心土建工程项目建议书。

(2) 内河船员管理

市地方海事局继续加强船员管理，2013年，市地方海事局共审查、核发船员证件4 121本；组织、安排船员实际操作考试206人次；组织安排内河船舶各类船员培训、考试63期，2 344人次；组织渡船和浮吊辅助船船员安全培训二期，人数67名。检查船舶183 888艘，检查船员证书489 005本，查获假证6本。

加快推进船员管理标准化，根据《船员管理质量管理规则》要求，对船员管理情况进行状态分析，对现有的规章制度进行梳理，并制定《质量管理体系》工作方案。已完成《质量管理体系》共253个体系文件的编写工作，开展船员管理质量管理体系试运行，并顺利通过交通运输部海事局审核组的初次审核。

(五) 航运科技创新

2013年，原市交通港口局积极推进上海港航业的科技创新体系建设，增强科技创新能力。通过发挥政府在港航宏观研究和成果推广等环节的政策引导和服务推进作用，使上海港航科技创新工作基本形成“政府主导、企业主体、高校和研究机构积极参与”的局面，构建以企业为主体、以市场为导向的行业应用研究、集成创新和成果转化的创新平台。

加大对内河水运以及信息化服务与管理等领域的标准化体系建设的制定和修订力度，推动企业更大范围参与技术标准的研究制定、试点示范和贯彻实施工作，促进科技成果及时纳入标准规范并引领产业进步,夯实交通港航业健康发展的技术保障基础。

1. 节能减排推进情况

原市交通港口局完成向交通运输部申报2013年度节能减排专项资金的项目初审工作。积极开展交通港航"节能降耗、低碳行动"活动,积极开展"上海市2013年市民低碳行动""万家企业节能低碳行动""车船路港千家企业低碳专项行动"的宣传实践活动;开展交通节能减排"四新"征集汇编和推广,宣贯交通能耗地方标准。鼓励老旧船舶提前报废更新,共有10艘船舶(合计4 317总吨)申请长江干线老旧船舶拆解,安排专项补贴资金。同时积极争取市财政对内河老旧船舶提前报废的支持,在市交通节能减排专项资金管理暂行办法修订时,将鼓励老旧内河船舶提前报废纳入补贴范围。本市全年核准39艘老旧船舶拆解,总计9 822总吨/10 833载重吨;其中35艘已拆解完毕,总计9 243总吨/9 998载重吨。

2. 航运信息化建设情况

2013年,原市交通港口局基本完成杭申线、苏申外港线、大芦线一期、赵家沟等航道的船舶交通信息管理系统的移交接收工作,整合上海内河交通管理与应急联动系统;开发建设岸线航道综合信息管理系统,建立岸线数据综合管理平台,进一步提升岸线管理效能。

市地方海事局加快推进内河信息化建设,着力提高内河管理和服务水平。一是建立信息化建设总体设计,拟定《上海市内河港航管理信息化建设规划》。二是推进市内河水上搜救中心及嘉定分中心、闵行分中心、奉贤分中心"三加一"工程建设,合计建设视频监控258路,并进入试运行和验收准备阶段。三是开展"船联网系统"关键技术研究。完成应用软件中应急事故处置、危险品监管、水工管理、航道安全情况、船舶综合监管等模块的开发和上线试运行。于11月底通过交通运输部科技司、西部项目管理中心组织的船联网项目中期检查。四是建设省际检查站检查系统。通过AIS,RFID与船舶现场整合系统数据相结合,实现对离沪船舶的签证、收费、行政处罚等情况的不停船检查,该项目已通过专家验收。

3. 船舶技术创新

2013年中远集运荣登"2013中国航运年度十大创新企业"榜首,所属泛亚公司跻身三甲。中远集运公司5艘船舶入选荷兰鹿特丹港"十大可持续发展船舶",其中,中远"自豪"轮以51分的总分,名列目前正在运营中的2 000多艘远洋船舶榜首,获评"最佳可持续发展船舶"。

中海集运积极通过技术革新,推动低碳环保,履行企业社会责任。2013年6月,美国洛杉矶港向中海集运颁发"减速降污染特别奖",对公司在减速航行、减少空气污染、造福当地居民和海洋环境等方面所做出的努力表示肯定。

建设航运电商平台提供综合物流服务成为航运企业转型发展重要抓手,泛亚航运推出的"泛亚航运电商"、中海集团推出的"亿海通""一海通"航运电商平台正引领航运变革。

第四章 水运工程主业及辅助业

2013 年上海水运工程建设市场总体秩序健康平稳,重大水运工程建设工作有序推进,行业总体运行良好,安全形势平稳受控。全年全市港口设施建设项目施工许可审批 12 项;总体受监在建项目 39 个,其中新开工 28 个,较 2012 年同比上涨 100%;水工监理项目 29 个;企业信用评价工作有效开展。全年水运工程建设重心总体呈现由大型港口码头建设向内河航道建设转移的趋势。

一、行业发展基础

2013 年,上海水运工程主要建设单位 4 家,设计单位 5 家,施工单位 4 家,监理单位 9 家,检测单位 13 家。主要从业人员中,建设单位 300 余人,设计单位 1 900 余人,施工单位 7 200余人,监理单位 700 余人,检测单位 500 余人。

二、行业运行状况

(一) 水运工程主业

2013 年,洋山深水港区航道维护疏浚工程完成验收;大芦线航道整治二期工程(闵行浦江段、航头新场段)、洋山深水港区航道维护工程、老港固体废弃物综合利用基地内河工程航道工程相继开展。完成长江口南槽航道、黄浦江航道、城维项目航道及练祁河、八滧港、新民港航道等维护疏浚工程。有效推进上海港宝钢全天候成品码头、中船长兴造船基地二期等建设工程。完成上港集团码头、华能上海石洞口第二电厂码头、上海外高桥电厂一期和二期卸煤码头等结构加固改造工程,上海航道局外高桥疏浚船舶基地码头改建工程及中国极地考察国内基地工作船码头续建工程等。

1. 航道工程建设

洋山深水港区:2013 年洋山深水港区航道维护工程通过竣工验收。施工维护期间,为满足马士基 1.8 万 TEU 超大型集装箱船成功首靠洋山深水港,开展航道维护工程,工程量 11 429.171 7 万元,进港航道人工维护段长约 11.28 km,航道宽度 650 m,设计底标高 −16.0 m,横向边坡 1:15,断面工程量 414 万 m^3;港内航道长约 5.8 km,宽度 690 ~ 940 m,设

计底标高 -15.5 m,横向边坡 1∶15,纵向边坡 1∶30,断面工程量 204.1 万 m^3。合计断面工程量为 618.1 万 m^3。

长江口南槽航道：确保航道满足 5 000 吨级散货船满载乘潮双向通航和 20 000 吨级散货船减载乘潮双向通航需要,对长江口南槽航道实施基建性疏浚工程,航道疏浚工程量 9 118.4万元。

大芦线航道二期：整治建设工程闵行浦江段、航头新场段,总工程量 46 686.784 1 万元,总长度约 13.523 km,主要工程内容包括航道的护岸工程、靠船墙工程、航道护岸沿线排水工程、支流桥及其引道工程、防汛道路工程、草坪及人行步道的填挖整平工程、供电照明等其他工程。

黄浦江航道：吴淞口至吴泾航道下游末端深水航道维护疏浚工程,总长约 46.5 km,总工程量 4 907.535 8 万元,断面工程量约 96 万 m^3。

老港固体废弃物综合利用基地内河工程航道工程：工程量 14 183 万元,灌砌砼块石护坡加钢筋砼小挡墙护岸结构,南北两岸护岸总长度约 5 022 m。航道开挖全长约 3 808 m,面宽 70 m,底宽 48.4 m,边坡 1∶2.4,其中通航段 3 350 m,非通航段 458 m,合计土方 184 万 m^3。

三沙洪航道(长江南口至南横引河)、秀洲塘航道(平申线至枫泾塘)、盐铁塘航道(五福桥至宝钱公路桥)、油墩港航道(松江青浦界区至油墩港桥)、油墩港航道(松江青浦界区至淀浦河)5 段航道：工程量 1 323.511 6 万元,疏浚工程量45.2万 m^3。

内河应急维护疏浚工程,涉及练祁河航道、八滧港、新民港航道应急维护疏浚工程：工程量 245.807 85 万元,工程疏浚里程 5.85 km,疏浚工程量 7.43 万 m^3。

浦东运河、吴淞江、鸽龙港、紫石泾、淀浦河等城维项目航道疏浚工程：工程量3 471.896 9 万元,维护航道总里程 74.67 km,疏浚总方量 92.08 万 m^3。

2. 港口工程建设

上海港宝钢全天候成品码头工程：工程量 22 896.0 万元,水域外档建设 1 座 5 万吨级产成品码头,内档建设 1 座 5 000 吨级全天候码头。

中船长兴造船基地二期工程 3#舾装码头接长、4#舾装码头上游段工程：工程量 12 818.998 8万元。高桩梁板码头和后平台,3#码头接长为 120 m×20 m,110 m×20 m,4#码头新建 228 m×20 m,后平台宽度 20 m。

上港集团码头结构加固改造工程：工程量 22 745.0 万元,工程主要涉及外高桥、罗泾和洋山三大港区,包括罗泾港区二期、外高桥港区一期至六期、洋山深水港区一期和二期等共计 9 项工程、49 个大小泊位。通过加桩、改造横梁等措施对码头结构进行改造、调换部分系船柱、橡胶护舷,同时修复码头水工结构的裂缝、构件破损(砼脱落、露筋)等。

续建中国极地考察国内基地工作船码头项目：工程量 1 837.1 万元,新建码头总长 149.4 m,宽 15.0 m。

上海航道局外高桥疏浚船舶基地码头改建工程：工程量 2 831.986 1 万元，拆除原系船墩和桥墩，将原 192 m 码头上游接长 48 m，下游接长 110 m，形成一座总长为 350 m，宽 20 m 的 5 万吨级多用途码头。

华能上海石洞口第二电厂码头结构加固改造工程：工程量 1 021.59 万元，在原石洞口二厂一期码头后沿长度 236 m，宽度 6 m 的水域范围内，施打 9 根钻孔灌注桩，桩长 56 m，直径2 m。采用水上临时钢结构平台，用钻机施工，最终用横梁结构与原码头连成一体。

三海码头扩建工程（原引桥位置）：工程量 2 255.32 万元，拆除老引桥，在既有码头后方、原老引桥位置新建 2 000 吨级码头 1 座及引桥。新建码头长 120 m，宽 24 m；引桥长 61 m，宽 9 m。

上海外高桥电厂一期、二期卸煤码头结构加固改造工程：工程量 2 500 万元，新增桩基、码头后节点接长、更换橡胶护舷、系船柱改造和码头前沿挖泥疏浚、码头下岸坡削坡。

迁建横山粮库项目附属码头工程：工程量 1 320.51 万元，沿油墩港新建一座 300 吨级顺岸挖入式码头（结构预留 500 吨级），占用岸线长度约为 136 m。

老港固体废弃物综合利用基地内河工程码头工程：工程量 9 405 万元，北岸码头岸线长 830 m，其中作业区泊位总长 330 m，掉头区 220 m，加油泊位 90 m；南岸岸线长度 690 m，其中停泊区 410 m，掉头区 220 m。

滴水湖南岛游艇俱乐部项目码头工程：工程量 1 153.12 万元，游艇码头、防波堤、上下水坡道、护岸等。

临港新城主城区滴水湖一号码头工程：工程量 700 万元，“川”字型平面布置。中间为“T”字型凸堤，两侧为“I”字型凸堤，14 个大小不同的游船泊位分布于凸堤两侧，通过 3 座引桥与陆地相连。

（二）水运工程辅助业

1. 航标

2013 年，上海市航务管理处通过政府购买服务方式，委托社会专业维护单位对全市 56 座航标进行日常维护和管理，全年航标维护正常率达到 100%。

2. 水工监理

2013 年，上海水工监理共有监理项目 29 个，主要水工监理企业监理费总额达 4 800 万元。

三、行业管理及服务状况

（一）水工项目审批

2013 年，原市交通港口局完成港口设施建设项目施工许可审批 12 项。全年未涉及水运工程监理单位丙级资质审批。

(二)从业单位信用评价

2013 年度监理企业、检测企业信用评价工作继续开展,并在 2012 年的基础上,将监督记录、抽查意见书、安全质量整改通知单等材料以及项目监理人员履约情况、试验检测比对试验结果、检测数据打假情况等扩充为信用评价的依据,全年共完成对 8 家监理企业(AA 级 2 家,A 级 6 家)、13 家检测企业(AA 级 3 家,A 级 9 家)、54 位监理、239 位检测执业人员的信用评价工作。新增项:检测工程师 37 人、检测员 32 人、监理工程师 21 人和专业监理工程师 15 人。

(三)安全教育培训

全年完成对中交上海航道局、中建港务等主要施工企业 452 人次的安全生产“三类人员”继续教育培训,在内河航道养护疏浚工程油墩港水域组织开展上海水运工程水上安全演练活动。加强水运工程造价人员管理,通过 134 名水运工程造价人员的申报。组织开展水运工程试验检测、监理考试,本市及外省在沪工程相关试验检测单位的 300 名考生参加 459 个科次的试验检测人员考试,151 名考生参加 457 个科次的监理工程师过渡考试。顺利举办 2 期水运工程试验检测人员继续教育学习班,327 名试验检测人员参与专项培训。

第五章 航运衍生业

一、航运金融

（一）航运融资

航运融资是金融机构对航运产业集群提供融资服务的统称，具体包括金融机构对上游船舶及相关设备的制造和修理企业的融资，对中游船公司、船务代理和货运代理企业的融资，对港口（含各类延伸服务企业）以及临港生产制造企业的融资。2013 年，上海各主要银行业金融机构对上海航运产业的授信总额为 1 980 亿元人民币，同比上升 30.6%；授信客户总计 1 200 多户，同比增长 23.4%。

从融资方式看，银行信贷和融资租赁是航运业的主要融资方式，2013 年平稳增长，而经营租赁等其他融资方式则增长较快。具体而言，航运相关企业的贷款余额为 955 亿元人民币，同比上升 7.1%；融资租赁余额为 183 亿元人民币，同比上升 5.6%；经营租赁为 13.7 亿元人民币，同比增长 190%；其他融资方式为 206 亿元人民币，同比增长 49.1%（见表 5－1）。

表 5－1　2013 年上海市航运企业融资业务统计

项目名称	按融资方式分类				按细分子行业分类		
	贷款余额	融资租赁余额	经营租赁	其他	上游	中游	下游
金额/亿元	955	183	13.7	206	343	930	711
同比增长/%	7.1	5.6	190	49.1	－11.2	71	20.8

从细分子行业看，航运业上游子行业的授信额度出现下降，而中下游子行业的授信额度则大幅增长。2013 年，上海航运业上游的船舶及相关设备制造和修理等企业的授信总额为 343 亿元人民币，同比下降 11.2%。相关企业实际使用的贷款余额 260 亿元人民币，同比下降 14.4%；融资租赁 4.8 亿元人民币，同比上升 59%；其他融资方式 20 亿元人民币，同比下降 46.9%。中游的船公司、船务代理和货运代理等企业的授信总额快速增长，达 930 亿元人民币，同比上升 71%。相关企业实际使用的贷款余额 421 亿元人民币，同比上升 27.2%；融资租赁 89 亿元人民币，同比下降 9.4%；经营租赁 13.7 亿元人民币，同比增长 190%；其他融

资方式91亿元人民币,同比增长150%。下游的港口及相关物流仓储等临港企业的授信总额增长较快,达711亿元人民币,同比上升20.8%。相关企业实际使用的贷款余额274亿元人民币,同比上升6.4%;融资租赁90亿元人民币,同比上升23.7%;其他融资方式95亿元人民币,同比增长46%。

(二)航运保险

2013年,上海保险行业继续发挥在航运金融中的保障服务功能,大力发展船舶保险、海上货运保险等传统保险业务,同时,积极推进内河船舶污染责任保险等试点业务,探索航运保险服务新模式,在机构集聚和业务创新两方面均呈现良好的发展态势,在全球航运保险市场整体低迷的背景下保持相对活跃的增长。

航运保险主营业务方面,目前主要包括直保业务、再保险业务以及保险中介业务。2013年,上海保险市场共有46家财产保险公司从事航运保险直保业务,主要包括船舶保险、货物运输保险以及出口信用保险,较2012年增加3家。其中,按资本性质看,中资财产保险公司共有35家,外资财产保险公司共有11家;按经营险种看,经营船舶保险业务的有32家,经营货物运输保险的公司为45家,经营出口信用保险的公司为1家。2013年底,共有3家再保险公司从事航运相关的再保险业务,其中1家中资公司(中国财产再保险公司),2家外资公司(见表5-2)。上海市共有保险专业中介机构352家,其中保险代理机构174家,保险经纪机构112家,保险公估机构66家。

表5-2　2013年上海市航运保险统计情况

家

项目名称	直保业务			再保险业务			保险中介业务			
分类	中资企业	外资企业	合计	中资企业	外资企业	合计	保险代理	保险经纪	保险公估	合计
数量	35	11	46	1	2	3	174	112	66	352

2013年上海地区船舶险和货运险总量达到37.61亿元,同比增长4.44%,占全国相关业务量的24.04%,较2012年提高1.16个百分点,上海航运保险市场的集聚效应继续发酵。船舶险方面,上海地区2013年船舶险业务总量23.71亿元,较2012年增加1.09亿元,同比增长4.82%,占全国船舶保费总量的44.29%,较2012年提高3.67个百分点,而同期全国船舶险同比负增长3.87%。货运险方面,上海地区2013年货运险业务总量为13.9亿元,同比增长3.83%,高于全国货运险1.21%的增长率,占全国货运险总量的13.50%(见图5-1),较2012年上升0.34个百分点。上海地区航运保险市场的发展,与上海国际航运中心建设深入推进、航运保险相关政策支持力继续扩大有重要关系。

航运保险专业机构发展方面。2013年,上海航运保险市场在原有中国太平洋财产保险股份有限公司航运保险事业运营中心、中国人民财产保险股份有限公司航运保险运营中心以及中国平安财产保险公司航运保险营运中心的基础上，新增阳光财产保险股份有限公司航运保险运营中心和永安财产保险股份有限公司航运保险运营中心 2 家专业航运保险运营机构，同时华泰财产保险有限公司航运保险运营中心和天安财产保险股份有限公司航运保险中心获批筹建，上海地区航运保险专业机构数量进一步增加。

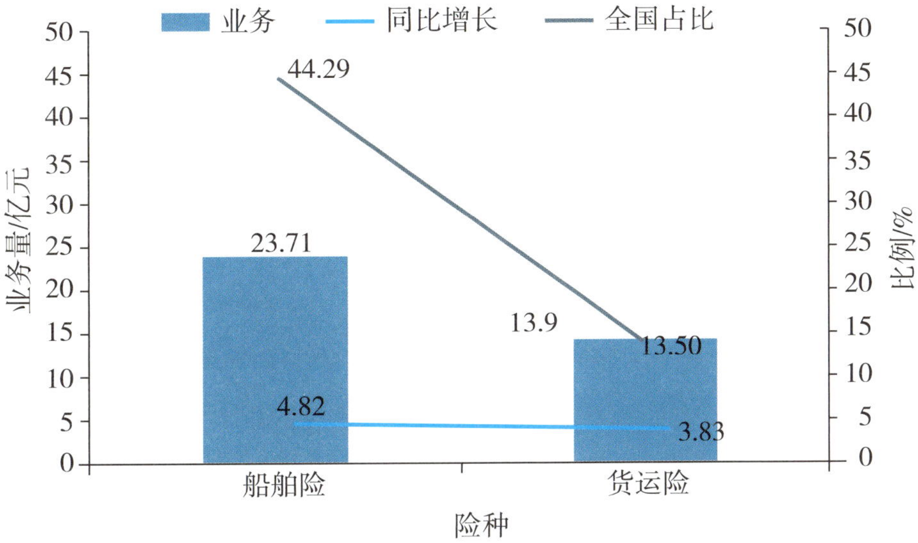

图 5－1　2013 年上海市航运直保业务统计情况

航运保险协会方面。2013 年 12 月 16 日，上海航运保险协会正式获得上海市民政局、上海市社团管理局批准筹建成立。上海航运保险协会是全国首家专业性的航运保险协会，目前包括专业航运保险运营中心、财产保险公司、保险经纪公司及保险公估公司等会员共 31 家。协会的宗旨是促进和推动航运保险市场的公开、公平、公正发展，发挥航运保险领域会员与政府之间的桥梁作用，维护会员的合法权益。成立后拟在国际合作、产品创新、人才培养、信息共享等领域发挥积极作用，促进上海航运保险市场发展，更好地服务上海“两个中心”建设和中国（上海）自由贸易试验区建设。

（三）航运衍生品交易

上海航运交易所控股的上海航运运价交易有限公司（SSEFC）自开业试运行至 2013 年底，航运运价衍生品交易市场单边成交总量超 3 000 万手，单边总成交金额逾 2 000 亿元人民币，共交割合约 108 个。截至目前，公司已有银行类会员、航运业内会员、投资类会员总计 40 家，交易商约 2 800 人。2013 年 11 月，上海航交所编制的中国进口干散货运价指数（CDFI）、中国进口原油运价指数（CTFI）正式发布。

上海航交所搭建的平台为实体经济避险的市场功能逐步显现，市场制度日趋完善，对上海国际航运中心获取航运定价的话语权起到较好的作用，全球航运经纪人和承托双方都密切关注中国的运价交易发展情况。

二、航运交易

截至2013年12月,上海航交所全年共完成船舶交易198艘次,船舶交易总价值高达13.2亿元。自2010年《船舶交易管理规定》实施以来,由交通运输部指定的、设在上海航交所的“中国船舶交易信息平台”接受全国各船舶交易市场的成交信息报送并进行重点船舶交易的公示。共接收船舶成交信息报送13 162艘次,总金额达388亿元;其中重点船舶公示1 146艘次,无1例收到异议。共撰写、录入综合信息、船舶买卖、市场评述、船舶租赁、船舶修造各类信息和资讯1.6万余条。其中,2013年中国船舶交易信息平台接受船舶成交信息报送1 715艘,总成交金额124亿元人民币,其中重点船舶公示367艘。2013年完成船舶评估50艘次,较往年有大幅提升。

三、航运经纪

2013年底,共有航运经纪人注册130名,同比增加28名;航运经纪企业22家,同比增加6家。共有国际航运经纪公司19家。全年有37人取得《航运经纪资格考核合格证明》,目前共有379人取得《航运经纪资格考核合格证明》。

四、海事审判与仲裁

(一)海事审判

2013年,上海海事法院共受理各类海事海商执行案件2 573件,同比增长0.1%;审结、执结案件2 579件,同比下降0.1%;年底存案356件,同比下降1.7%(见图5-2)。审结、执结案标的达37.46亿元人民币,同比上升40.6%。全年受理的一审海事海商案件1 820件,占70.7%;海事特别程序案件366件,占14.2%;申请执行案件386件,占15%;此外,还受理1件申请再审案件。

从案件类型上看,海上、通航水域货物运输合同纠纷和货运代理合同纠纷案件继续呈上升趋势,是2013年审理案件的主要类型,共占海上合同受案总数的78.3%。其中,运输案件同比增长34.3%,而货代案件则有所减少,同比下降15.6%。海上保险案件数量较2012年翻倍增长。船舶物料备品供应纠纷和船舶所有人拖欠船员工资报酬纠纷近2年均处于高发水平。审结涉船员、船舶类案件219件,实施诉前和诉中扣船61艘次,成功拍卖船舶4艘。

从审理效率上看,120件案件在立案阶段以调节、和解方式得以解决,进入审理的案件调节撤诉率达到81.22%。一审服判息诉率为92.17%,案件二审改判发回率为5.67%,稳定地控制在较低的合理区间。个案平均审理天数为48.58天,平均执行天数为37.63天。适用小额诉讼程序审结案件39件,平均用时4天左右。

2013年,围绕着上海国际航运中心和中国(上海)自由贸易试验区建设等国家战略,上海海事法院连续第三次向社会发布《海事审判"白皮书"》，针对货运代理企业、进出口贸易企业败诉案例进行专题剖析。研究并制定上海海事法院《关于适用〈最高人民法院关于审理海上货运代理纠纷案件若干问题的规定〉第八条的参考意见》和《关于审理海上货物运输合同纠纷与海上保险合同纠纷关联案件若干参考意见》，促进海事裁判标准的相对统一。推出调解书常用主文推荐样式，以期提高调解案件的质量和可执行性。其中，审理的中海发展股份有限公司货轮公司申请设立海事赔偿责任限制基金案成为最高人民法院第 16 号指导性案例，中海工业（江苏）有限公司诉太平洋财产保险股份有限公司扬州中心支公司海上保险合同纠纷案入选 2013 年第 10 期《最高人民法院公报》案例。

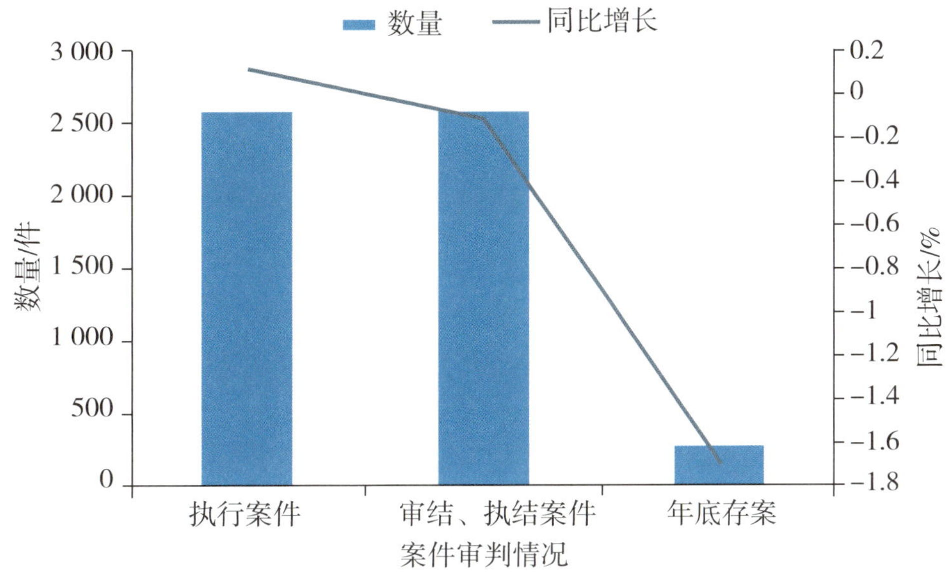

图 5－2　2013 年上海海事法院海事审判情况

（二）海事仲裁

2013 年，中国海事仲裁委员会上海分会受理案件共计 104 件，同比增加 96%；争议标的为 12.75 亿元人民币，同比增加 12%。此 2 项指标均创上海海事仲裁历史新高。涉及英国、加拿大、日本等 14 个国家以及中国香港、中国台湾、中国澳门等 3 个地区的案件共 35 件。结案 39 件。上海海事法院转交的诉调对接案件 38 件，调解成功率为 74%。

2013 年，上海仲裁委员会特设的上海国际航运仲裁院共受理案件 285 件，涉案争议金额 2.42 亿元人民币，较 2012 年均有大幅增长。上海国际航运仲裁院及时审理并裁决当事人提交的经济纠纷，为促进航运市场主体的有序竞争发挥积极的作用。

2013 年上海国际航运仲裁院在集装箱运输领域格式合同的推广工作中取得实效。"集装箱道路运输合同示范文本"和"堆场合同示范文本"两项课题成果作为上海国际航运仲裁院 2013 年的主要工作狠抓落实。年初拟定宣贯方案，5—8 月组织并落实各类形式的宣贯会近 20 场，参与培训的企业达 1 000 家。针对集装箱运输行业小、散、乱的特点，上海国际航运仲裁院在对企业培训讲解合同文本的同时，有针对性地加强对仲裁理念的介绍和对案例的分析，取得良好的效果。

在对外宣传服务方面，2013 年上海国际航运仲裁院通过参加各类航运会议、论坛、展览以及讲座，积极宣传仲裁法律制度，拓展仲裁服务功能，进一步提升航运仲裁的影响力。应邀出席“2013 塞浦路斯海事会议”，与浦东航运服务中心联合举办“2013 浦东航运中小企业法律服务月”活动等，均取得良好的宣传效果。

五、航运信息与咨询

（一）航运信息

2013 年，由交通运输部与上海市政府共同授牌、设在上海航交所的“上海国际航运信息中心”在紧锣密鼓地推进中，该中心的定位是“航运信息有效积聚、航运信息专业分析、航运信息权威发布、航运信息辅助决策、航运信息增值服务”五大功能，并尝试成为交通运输部的“智库”。

上海口岸信息化工作顺利推进。2013 年，上海口岸信息化应用达 86 个，完成报文交换量 1.9 亿个，完成电子支付交易 1.1 万亿人民币。8 月，上海市跨境贸易电子商务服务试点得到海关总署的正式批复，试点内容包括一般进口、保税进口和一般出口。10 月，上海电子口岸办配合口岸办、海关、检验检疫等单位完成“三个一”系统开发与上线，已在外高桥港区、洋山港区、外高桥保税区试点；11 月，跨境通正式发布运行；12 月，正式启动上海国际航运中心综合信息平台建设实施工作。

上海积极探索长三角、长江流域的通关物流信息一体化，与长三角区域电子口岸开展多种形式的技术合作。2013 年，按照上海国际航运中心服务于长江腹地的规划要求，上海推进长江港航信息联网工作，与武汉合作推进 EDI 联网与应用，完成船公司等物流企业与武汉港数据交换等应用。原市交通港口局承担并启动交通运输部“基于长三角航道网及京杭运河水系的智能航运信息服务（船联网）关键技术研究及应用示范项目”之“基于电子航道图的应急救援系统关键技术研究及应用示范项目”的研究工作。探索推广内河电子巡航和船舶动态监管新途径，优化调整内河搜救中心及三个分中心项目建设系统，完成试运行；继续推进进口包装危险货物和出口危险货物的港口作业网上申报系统试运行，进一步加强安全监管；上海港务集团全面推进“信息化、精益化、系统化”建设，完成管理信息平台速赢项目和调度信息平台的建设，启动港航业务信息平台的规划工作；集装箱码头 TOPS－5.0 系统上线运行，不断提升码头管理水平和运作效率。

（二）航运咨询

2013 年，上海主要的航运咨询机构继续发挥航运“智囊”作用，为进一步推进上海航运业的发展提供咨询服务。

上海市交通港航发展研究中心着眼于上海市港航行业的发展，在航运安全、信息化、节能减排、内河集装箱运输、内河危险货物运输等方面开展深入研究，形成具有一定影响力的专报、报告。同时，继续深化研究上海邮轮产业的发展，完成交通运输部委托的《上海游轮业统计指标体系研究》，填补了国内邮轮业统计体系方面的空白，对上海乃至全国邮轮产业的发展具有重要的指导意义。完成《加强邮轮母港国际竞争力相关政策研究》，对上海市未来邮轮业发展提出指导意见。在常规报告方面，2013 年继续完成编写《上海港航运行分析季报》《长三角内河水运发展报告》《上海交通港航行业发展报告》《上海现代航运服务业发展报告》等。

2013 年，上海国际航运研究中心积极发挥政府智库的作用，服务市场、建言献策，成功加入上海市决策咨询研究基地，以报告和内参形式向市领导提供行业发展建议 12 份，并获得采纳和批示。参与《游艇运输管理办法》和《邮轮运输管理办法》的制定以及上海市“十二五”规划中期评估工作的落实，共完成 21 项课题的研究。国内首个专业航运数据库“中国航运数据库”二期改版上线，并成为交通科学数据共享平台水运科学数据分中心。至 2013 年底，上海国际航运研究中心共有理事单位 329 家，其中理事长单位 23 家，常务理事单位 116 家，普通理事单位 190 家。

在航运咨询机构引进方面，2013 年上海积极引入国际航运组织落沪注册。2 月，世界最具规模和影响力的国际航运协会组织——波罗的海国际航运公会在沪设立上海中心；10 月，波罗的海交易所在沪成立办事机构并举行仪式，上海继新加坡之后成为波罗的海交易所在亚洲的第二个办公地。

六、航运教育与培训

自 2008 年起，上海市教委实施上海高等教育内涵建设工程（简称“085 工程”），积极优化调整上海高校学科专业布局结构，为满足“两个中心”建设等经济社会发展和城市定位的需要，提供智力支持和人才保障。“085 工程”涉及支持航运类学科专业建设和相关人才培养计划的相关内容。主要规划包括：上海海洋大学重点建设海洋、水产和食品等三大主干学科体系，以海洋科学、水产科学、食品科学与工程等作为主干学科；上海海事大学重点建设交通运输工程（水路运输工程）、物流工程与管理、海洋材料与工程、航运经济与管理、航运政策与法律（海商法）等学科；上海工程技术大学与虹口区合作建设邮轮专业等。

目前，上海市共有 18 所高校在本科及以上层次开设航运（含物流）领域的学科专业，其中硕士层次以上的有 6 所高校，博士层次以上的有 2 所高校；25 所高校在专科层次开设航运（含物流）领域的专业建设。

2013 年，上海海事大学招收航运相关专业学生 2 304 人，其中本科生 2 068 人，专科生 236 人。在本科生教育方面，积极鼓励教师探索课程教学模式改革和编写教材。立项 12 门课程为“085 工程”物流工程与管理类精品课程，完成 2012 年立项的 16 门“085 工程”航运技术与管理类精品课程的中期检查。立项 11 部教材为“085 工程”物流工程与管理类规划教材,2012 年立项的 8 部"085 工程"航运技术与管理类教材均已完稿。学校非常重视实验室的建设,航海实验教学中心 2013 年 7 月被评为国家级实验教学示范中心,12 月被评为国家级虚拟仿真实验教学中心。同时,积极启动建设 2013 年度中央财政支持地方高校发展专项集装箱供应链运行管理与控制技术研究平台、港航物流装备安全工程实验平台等 5 个项目;"085 工程"实验室建设项目冷藏物流测控与协同创新平台、港航物流装备绿色运行技术创新平台等 4 个项目。交通运输实验中心交通运输实验与实习基地、航运管理与决策平台及研发、商船学院高水平船舶电子电气工程创新实验平台、船舶制冷实验室等 14 个项目已完成验收结题工作,并投入使用。轮机工程实验中心船舶操纵模拟器和 ERM 轮机模拟器实验室等 2 个项目已基本完成,准备验收结题。

在研究生教育方面,截至 2013 年底,上海海事大学研究生培养学科专业包括 5 个学科门类(经济学、法学、文学、工学、管理学)的 2 个一级学科博士学位授权点、13 个一级学科硕士学位授权点、19 个二级学科博士学位授权点和 59 个二级学科硕士学位授权点。学校还具备 5 个专业学位授权点和 9 个工程硕士学位授权领域。2013 年学校招收全日制在校研究生 1 433人,其中博士研究生 48 人,硕士研究生 1 385 人;招收包括 MBA,EMBA 和工程硕士在内的非全日制研究生 302 人。根据培养方案要求,绝大部分课程设置和研究领域围绕解决航运中心建设的各类问题展开。

为进一步推进中国(上海)自由贸易试验区的建设,2013 年由上海市城乡建设和交通委员会、中国(上海)自由贸易试验区管理委员会、上海市教育委员会和上海海事大学共同成立中国自贸区供应链研究院,30 多家国内政府部门、高校、研究机构、行业协会和企业,以及德国、新加坡和中国香港等境外机构作为指导单位或参建单位加入。研究院集聚学校现有的学科资源,并深入开拓境内外合作渠道,采用市场化、社会化、协同创新的运作模式,进行组织架构和合作机制的创新。

上海交通大学主要依托其船舶海洋与建筑工程学院,为上海市的航运业发展培养了大量的优秀人才。学院设有船舶与海洋工程系、工程力学系、土木工程系、建筑学系、国际航运系和港口航道与海岸工程系等 6 个系,目前有 5 个本科专业、16 个硕士点、7 个工程硕士领域和 13 个二级学科博士点,具有船舶与海洋工程、力学、土木工程 3 个一级学科博士学位授予权和 3 个博士后流动站。

在研究生培养方面,2013 年 7 月,上海交通大学国际航运系首次举办物流、航运国际暑期学校,录取来自法国、德国、澳大利亚、捷克、韩国、老挝、斯洛伐克等国际学员 20 名,中国台湾学员 6 名,以及来自于同济大学、上海大学、上海海事大学及上海交通大学等在内的学员 14 名。

七、邮轮服务业

2013 年 12 月,上海吴淞口国际邮轮港一期顺利通过由原市交通港口局和上海市口岸办分别组织的竣工验收和口岸验收。同时,2013 年上海吴淞口国际邮轮港发展有限公司委托中交第三航务勘查工程设计院开展上海吴淞口国际邮轮港码头续建工程设计,宝山区委托现代建筑设计集团上海建筑设计研究院开展上海吴淞口国际邮轮港核心区域城市设计。在码头配套设施上,2013 年上海吴淞口国际邮轮港实施邮轮港客运中心空调系统整改工程,加快建设商业商务载体,零点广场一期即查验单位办公楼与二期均实现结构封顶,将于 2014 年第二季度竣工;加大临江商业商务中心地块市场推介力度,得到绿地集团等开发企业的关注,按计划推进建设上港十四区整体转型开发项目,形成初步规划调整方案;宝杨路码头综合客运交通枢纽顺利竣工;滨江大道、宝杨路大修工程正式开工。

邮轮船供产业继续呈现良好的发展势头。上海吴淞口国际邮轮港发展有限公司取得邮轮船供资质,与歌诗达邮轮公司签订船供合同开展船供业务;宝山区域中外运、长航、中远集团等相关企业深化合作,加快打造上海邮轮船供市场平台,做大做强上海邮轮物资配送中心。邮轮旅游市场逐步规范,目前吴淞口国际邮轮港正积极研究制定项目方案,与旅行社等市场主体合作组建上海游轮旅游信息中心。

2013 年,宝山区成功举办"第八届中国邮轮产业发展大会暨国际邮轮博览会",大会吸引了来自 15 个国家和地区、中国 16 个省市的 668 名嘉宾,较上届净增逾 70%。同时,宝山区举办的 2013 上海邮轮旅游节,其中开展的"邮轮主题日""邮轮旅游商圈大篷车巡游""万达广场邮轮产品集中推广月""邮轮旅游节摄影大赛"等一系列展现宝山魅力、宣传邮轮文化、打造市场平台的主体活动,成为上海独具特色的节庆品牌。

第六章 口岸管理

一、口岸运行状况

2013 年,上海口岸运行稳中向好、结构优化,进出口总值和客货运吞吐量均实现稳定增长,创新监管的积极效应更趋显现。全年进出口总值 10 738.7 亿美元,同比增长 1.5%,占全国进出口货物总值的 1/4。外贸货物吞吐量 3.79 亿 t,增长 5.2%。出入境旅客达 2 642 万人次,增长 8.4%。自贸区口岸监管模式创新、浦东机场货邮国际中转功能取得新突破。

口岸进出口总量企稳回升,向内陆辐射功能不断增强。受益于国内经济稳定增长和国际市场复苏,2013 年上海口岸进出口增速由负转正、先抑后扬,全年进出口总值 10 738.7 亿美元,同比增长 1.5%,落后全国 6.1 个百分点,占全国进出口货物总值的 1/4。其中,出口 6 362.2亿美元,增长 1.4%;进口 4 376.5 亿美元,增长 1.7%;贸易顺差 1 985.7 亿美元,扩大 0.9%。上海关区进出口总值 8 121.4 亿美元,增长 1.4%,占全国比重 19.5%。其中,出口 4 991.3 亿美元,增长 1.6%;进口 3 130.1 亿美元,增长 0.9%。

口岸枢纽建设成效显著,集装箱吞吐总量保持全球领先。2013 年,上海口岸外贸货物吞吐量累计达 3.79 亿 t,同比增长 5.2%。其中水运口岸货物吞吐量 3.77 亿 t,增长 5.2%,增速较 2012 年下降 0.9 个百分点,占上海港货物吞吐量的 48.6%;航空口岸货邮吞吐量 258.2 万 t,下降 1.3%,降幅较 2012 年收窄 3.6 个百分点,占空港货邮吞吐总量的 77.1%;口岸集装箱吞吐量完成 2 883.6 万 TEU,增长 2.4%,占上海港集装箱吞吐总量的 85.8%。

口岸出入境旅客加速增长,邮轮等新兴经济迅猛发展。2013 年,上海口岸出入境旅客达 2 642 万人次,同比增长 8.4%,较上两年平均 6% 的增幅又有提高。其中,航空口岸 2 552.6 万人次,增长 6.9%;水运口岸 74.9 万人次,增长 113.5%;铁路口岸 14.5 万人次,下降 4.3%。

二、口岸管理及服务

(一) 口岸开放管理

2013 年,上海站铁路口岸通过国家验收正式对外开放,上海港口岸杭州湾港区临港产业作业区扩大开放通过国家验收。上海吴淞口国际邮轮港码头、上港集团煤炭分公司罗泾码头(2#,3#泊位)、外高桥第三发电公司卸煤码头等先后通过验收并对外开通启用。同时,洋山保税港区扩区通过上海海关牵头组织的封关预验收。上海口岸按照《上海口岸服务条例》和《上海口岸开放范围内作业区临时接靠办理规程(试行)》的有关要求,规范临时接靠办理手续,全年共协调办理上海水运口岸12座码头临时接靠国际航行船舶业务,确保本市电煤供应、生产建设、科研考察、邮轮产业等的需求,继续发挥临时接靠在推进上海"四个中心"建设和促进上海经济社会发展中的服务保障作用。

(二)通关环境优化

1. 通关监管创新

2013年,在上海海关和检验检疫局的共同努力下,积极争取总署总局的支持,开展自贸区贸易监管制度创新试点,包括海关凭舱单"先入区、后报关"模式试点和区内"分送集报、自行运输"试点,借助流程简化和科技应用推进卡口智能化改造。自贸区跨境贸易电子商务服务平台正式启动运营。检验检疫对"一线"进境货物实施进出境检疫和重点敏感货物检验的监管模式,并推出"预检验"、第三方检验结果采信、全球维修产业监管、动植物检疫审批负面清单管理、进境生物风险制品风险管理等制度创新。

浦东机场货邮国际中转功能试点取得突破。市口岸办与海关、检验检疫、机场等有关单位共同研究,经海关总署批准,以DHL作为全国首家试点企业开展快件国际中转集拼业务。通过试点关检密切合作,建立和形成国际转运快件监管办法、操作流程和规范、物流监控系统和视频查验系统,从而实现国际快件整机入境拆箱和分拣、按照不同目的地再拼箱出运的中转集拼模式,提升上海航空口岸的枢纽功能。

2. 通关便利化

市口岸办会同查验单位制定和实施《上海口岸通关无纸化三年行动计划(2013—2015)》。2013年共有16.7万家企业与上海海关签订通关无纸化三方协议(占关区办理业务企业的96%),当年放行无纸化报关单883万票,通关无纸化报关单总量及日单量均列全国首位,无纸化率达45.2%。上海海关与上海检验检疫局合作开展进出口货物"一次申报、一次查验、一次放行"试点,截至年底共受理"一次申报"货物853批,共同实施查验货物4 886批,联网放行货物85 620批。上海海关推进外港进口固体废物集约化查验、视频批量查验、H986集中审像等查验改革项目,开展"口岸分流、属地查验"试点。上海检验检疫局探索实施"通报通放""快检快放""即查即放"作业模式,规范"集中查验"模式。上海海事局在洋山港成功试行"国际干线集装箱船舶双窗口作业",正式实行洋山港主航道双向通航。上海边检总站制定《72小时过境免签政策实施办法》,在机场口岸入境执勤现场设置引导标志,设立专门检查通道。口岸查验单位进一步健全邮轮口岸通关统筹协调和服务机制,完善实施随船检查办法,创新邮轮监管服务。

3. 区域大通关合作

长三角口岸城市群合作项目取得积极进展，特殊监管区域货物流转监管系统即将正式启用，适用“属地申报、口岸验放”的企业范围进一步扩大，“属地申报、属地放行”通关模式正式实施，船舶远程电子签证在7家航运企业试点。同时，上海与中部六省大通关合作成效显著，并建立大通关合作秘书长机制，川渝沪大通关合作不断深化。2013年，上海海关共办理区域通关进出口业务13.16万票，货值301.08亿美元，同比分别增长8.05%和0.49%。可在上海各海空运口岸适用“属地申报、口岸验放”通关模式的本地及外地企业近4.1万家。在长三角区域大通关建设协作第六次联席会议上，苏浙皖沪四省市领导共同签署《深化大通关建设协作推进长三角区域通关一体化备忘录》。

（三）口岸服务保障

口岸查验单位深化研究货物状态分类监管，共同做好《中国（上海）自由贸易试验区管理办法》和《中国（上海）自由贸易试验区条例》相关条款起草工作。

市新闻办、市口岸办更加注重发挥口岸联合会在信息、宣传、巡访评议方面的积极作用，组织召开自贸区监管政策宣讲会，介绍口岸创新服务举措。市口岸办先后协调电信部门给予查验单位更加优惠通信流量费用、上海港外轮药品补给、洋山海通滚装船码头公司临时接靠、机场海关快件中转试点加班保障、外高桥港区海关周边环境改善、吴淞邮轮口岸限定区管理等问题。同时，通过同创共建文明口岸活动服务中心工作推进，加强口岸单位交流。先后组织举行自贸区口岸技能竞赛活动，开展“我与共建文明和谐口岸同行”系列征集活动。2013年度，洋山深水港区、外高桥港区和浦东国际机场被国家口岸办评为全国运行管理先进口岸。

第七章 港航发展趋势分析及建议

一、趋势分析

（一）世界航运市场趋势分析

展望2014年，世界经济有望逐步走出国际金融危机阴影，经济复苏总体趋于改善，发达经济体经济增长有望好于2013年。OECD领先指标显示发达经济体前景将进一步改善，目前34个成员国整体领先指标处于2011年6月以来的最高水平，但主要发达经济体的结构性问题远未解决，新经济增长点尚未形成，美国退出量化宽松政策是金融风险的最大来源，部分新兴大国经济增长放缓、金融风险上升，世界经济形势依然错综复杂。

据联合国最新发布的《2014年世界经济形势与展望》基准预测，2014年全球经济增长3.0%，高于2013年的2.1%；全球贸易增长4.7%，高于2013年的2.3%。随着欧元区结束衰退、美国经济加快复苏、日本经济逐步复元，以及中国经济加速转型调整，新兴经济体遏制下行风险，全球航运三大市场将呈现稳步调整复苏态势，其上下波动幅度将逐步收窄，趋势向好，艰难复苏。

国际货币基金组织（IMF）2013年9月份最新预测：2014年世界总产出同比增长3.6%，较2013年增速快0.7个百分点，高于近5年来的平均增速。该组织认为，2014年全球经济的增长动力仍在发生转变，欧美等发达国家将持续缓慢复苏，而发展中国家可能面临经济增速放缓和全球货币泛滥的双重威胁，全球经济仍然处于深度调整期，面临基础不稳、动力不足、速度不均等问题，复苏进程难以一帆风顺。预计2014年全球贸易量增速将由2013年的2.9%快速上升到4.9%，海运需求将会有所改善，运力需求增长与供给增长接近平衡，航运市场可能见底，但难言好转，恢复到高峰期基本没有可能。就细分市场而言：

集装箱运输：预计2014年全球集装箱船队运力同比将上升7.8%，略小于2013年的增速，运量需求增速有可能重新赶上或超过新增运力，但随着市场环境好转，新增运力是否会发生变化还是未知数，而多年“攒”下的富余运力仍将是巨大考验。班轮巨头联盟化运作可能会加剧市场竞争激烈程度，挤压其他班轮公司的生存空间，给集装箱运输市场恢复带来不小阻力。

油品运输：预计2014年全球油轮船队运力同比将上升4.2%，明显小于2013年增速。从目前油轮运输市场现有和在册订单运力来看，5.17亿载重吨的运力中约有30%为富余运力，预计2014年的运量增速将上升1.5个百分点，而运力增长将下降约1 500万载重吨，市场供需失衡状况会有所缓解。

干散货运输：预计2014年全球干散货船队运力同比将上升6.2%，大幅低于2013年的增速，全年新增运力将与运量增长基本保持同步，但考虑到目前干散货运输市场运力需求和供求存在不小差距，2014年仍难有较大起色，运价仍将保持低位运行，航运企业干散货业务亏损状况不会有根本性改观。

(二) 我国港口经济发展形势展望

在2013年世界经济延续缓慢复苏的态势下，我国出口维持相对低速增长，内需增长面临一定的下行压力。但我国经济仍有增长空间，尤其是在自贸区政策的刺激下，稳健预估2014年我国整体经济增长将在7.5%左右，如形势更好，或有望突破8.5%。

中国前20大集装箱港口吞吐量基本稳定，仅在青岛、连云港、日照及虎门等港口的赶超下，排名出现小幅变化。上海港仍以3 362万TEU的绝对优势处于榜单首位，与深圳港总箱量的差距进一步扩大至1 033万TEU；大连和虎门两港以同比24.19%和35.92%的增幅，分别成为中国前20大港口中吞吐量增长最快的港口。根据中港协综合分析，2014年我国港口生产总体将保持平稳态势，增速比2013年有所加快，总体预计可达到9%左右，但各港口之间将出现分化，外贸集装箱港口压力更大一些，预计全年集装箱吞吐量增速将保持8%～9%，增速较2013年有所提高。随着经济的扩张，2014年我国对原油、矿石、煤炭、粮食等大宗货物的需求将进一步增加，进口规模将继续扩大，加上自贸区政策和平台推动，总体都将对港口生产带来正面影响。

长三角港口经济运行总体保持良好态势，预计长三角地区规模以上港口货物吞吐量将突破38亿t；外贸货物吞吐量将突破12亿t；集装箱吞吐量将突破7 500万TEU。上海港集装箱吞吐量仍将保持世界第一，有望接近3 500万TEU。上海国际航运中心的国际地位将进一步提升，国际竞争优势继续增强。

(三) 上海港航发展形势展望

受宏观经济形势和国际航运市场影响，2014年上海港航运行仍将保持平稳增长态势，自贸区对港航业的红利将逐步释放。

2014年主要生产指标预判如下：

全港货物吞吐量将突破8亿t；集装箱吞吐量还将高位上行，但增速放缓，预计达到3 450万TEU，水水中转比重将继续加快提高，有望达到47%左右。随着沿海捎带、中转集拼业务量增长，国际中转量将继续保持30%左右的高速增长；随着苏州吴淞江综合物流园的投入运营，上海港与周边内河港的深化合作和集疏运体系优化基金落实，内河集装箱仍是集疏运体系增长最快的部分，上海内河集装箱转运量仍将保持高速增长，有望达到50万TEU。受基础设施建设放缓影响，内河港生产仍缺少增长动能，内河港货物吞吐量仍将延续下降趋势，为9 000万t左右。邮轮旅游市场将持续火爆，邮轮母港业务将持续井喷式增长。国客中心已安排母港邮轮27艘次，较2013年减少19艘次，访问港邮轮21艘次，业务量萎缩态势逐步显现；吴淞口国际邮轮港已安排母港邮轮218艘次，访问港邮轮6艘次，邮轮旅客吞吐量将达到110万人次，拉动全港在全国邮轮港的市场份额继续提升。自贸区改革开放和制度创新红利将进一步释放，年内将形成一批可复制、可推广的经验，自贸区对港航行业的影响效应将进一步突显。

二、措施建议

做好2014年上海交通港航工作，必须全面贯彻落实党的十八大，十八届二中、三中全会和中央经济工作会议精神，按照十届市委五次全会的部署，坚持稳中求进的工作总基调，坚持创新驱动、转型发展，以改革统领全局，以安全运行为基础，紧紧围绕建成符合上海特大型城市发展需要的、达到世界先进水平的大交通体系这一工作总目标，全面推动交通港航行业在改革创新、转型发展方面上新台阶。

（一）以自贸区为契机推进制度创新

1. 改进监管模式，主动对接自贸区建设

推进航运业扩大开放，推进船舶登记制度、融资租赁、国际中转集拼创新，深化启运港退税和沿海捎带等政策。加强与自贸区管委会衔接，优化对区内航运及其相关服务业的服务和管理，研究总结可复制推广的港航管理模式。落实航运服务业扩大开放和沿海捎带等试点政策，评估政策实施效果。积极探索具有国际竞争力的航运发展制度和运作模式，研究在自贸区内发展航运金融、国际船舶运输、国际船舶管理、国际航运经纪等产业的政策措施，提升自贸区对港航服务业的吸引力。自觉用自贸区的理念、模式来改革行业服务与监管。主动对接自贸区建设，利用制定出台自贸区管理地方性法规的契机，进一步梳理市交通委属事权，可以委托的事项原则上应全部委托给自贸区管委会。

2. 发挥制度创新叠加效应，推进税制改革，改善航运企业经营环境

建议积极探索建立国际通用吨税制制度，试点“吨税制”改革，在税制、税种、征缴方式等方面逐步与国际接轨，使我国航运企业在参与国际竞争中处于相对平等的地位。在税收服务上，延续深受企业欢迎的洋山保税港区“即征即退”等优惠政策，并简化区内航运企业和物流企业“营改增”“即征即退”流程，加强监管制度创新，缩短退税周期，提高企业资金周转率。

3. 深入推进口岸便利化和通关一体化

加强各区域间、区域各相关监管部门之间的深化合作，完善常态化联席工作机制，加快推动“大通关”模式的深化发展。加强水路运输软环境建设，突破中转集拼瓶颈，推进国际中

转、中转集拼、空箱调运、汽车国际中转便利化。优化空箱调运流程，实现建设区域性全球空箱调运中心的各港区联动发展。创新拼箱货物监管模式。建议研究“入库报关、在库查验，先放行后装箱”的拼箱业务新监管模式。优化沿海捎带监管模式。加快建设上海国际贸易“单一窗口”，更大程度地降低贸易和运输企业营运成本、提升政府部门监管效能。推进水路口岸“单一窗口”建设。

4. 以金融制度创新推进航运金融发展

利用人民币资本项目可兑换、金融市场利率市场化、人民币跨境使用、人民币双向资金池等金融制度创新加大航运企业支持力度，降低航运业融资成本，使航运制度创新与金融制度创新有机结合。

5. 探索将航运服务集聚区率先纳入自贸区扩区范围

将航运要素集聚区纳入自贸区范围，扩大航运要素集聚能力，如北外滩航运服务集聚区、陆家嘴航运服务集聚区、邮轮码头及配套集聚区等。

（二）优化港口集疏运体系

1. 推进沿海港口基础设施建设

争取洋山深水港区四期项目尽快核准，满足洋山港日益增长的运量需求；开展外高桥八期前期工作。优化配置内支线泊位，在洋山建设永久性客运码头置换临时客运码头岸线，加快建设支线泊位。开展远期大洋山开发（东海二桥）研究、横沙岛建港可行性研究。大力推进内河中转。全面开工建设大芦线二期（大治河段）航道整治工程，力争开工建设本市首座二线船闸——大治河西枢纽二线船闸工程，推进跨杭申线G60沪昆高速公路桥改建工程，抓紧启动长湖申线、平申线工程，消除内河集装箱运输“瓶颈”，加快实现连接江浙的跨省内河集装箱集疏运主通道达标贯通。推进配套内河港区建设运营，芦潮港内河港区试运行，加快外高桥内河港区工程设计和启动建设优化整合共青码头等内河“水水”“水陆”中转码头群布局，缩短内河转运船舶在上海港的等泊时间，搭建内河集装箱公共服务平台建设，提升上海港在集疏运各环节间无缝衔接的能力。

2. 进一步深化长江战略，提升上海港在长江经济带发展中的带动作用，推进江海直达运输

充分发挥长江黄金水道功能，强化沿江港口合作协调，积极推进长江支线“信息化、大型化和联盟化”发展，为长江流域客户提供完整物流链服务；加强与长三角港口合作，发挥太仓转运平台作用，有效缓解上海港的泊位压力，提升作业效率。加强上海港与中资航运企业、货主合作，构建“三位一体”的服务体系。继续推进集装箱水水中转，构建“长江支线班轮化体系”和“长江物流一体化运营平台”。研究并落实扩大启运港退税的试点范围。继续吸引航运企业在沪设立总部、区域总部、功能总部及外商独资船务公司，吸引全球性、区域性和国家级专业航运功能机构落户上海。推进阳光引航，进一步提高港口引航、拖带水平。

3. 积极发展多式联运业务，优化综合交通网，实现货物无缝衔接

大力发展水水中转、铁水联运、海河联运、江海联运、甩挂运输，引导港口货物集疏运朝着多式联运发展，支持港口企业增强多式联运生产组织和经营管理的业务能力，不断提升多式联运服务水平，在巩固国际集装箱枢纽港地位的同时，着力发展现代航运服务业。发展海铁联运，优化铁路网络布局，加快铁路（包括沪通铁路、沪乍铁路等）建设，推进铁路进外高桥港区，合理布局铁路货运站，加强运输组织管理，提高海铁联运比例。

4. 改善邮轮码头基础设施和服务配套

整合吴淞口国际邮轮港周边岸线和码头资源，加快推进吴淞口国际邮轮港后续建设工程，建成邮轮码头后方的综合交通枢纽；建设邮轮母港物资配送中心和邮轮综合服务区。开展张华浜、军工路港区货运功能调整研究。落实交通运输部的部署要求，制定并实施《推进上海国际邮轮母港建设先行先试方案》。规范游艇码头的经营许可、产业开拓、数据统计、安全监管等工作。启动游艇码头的经营许可工作，探索改建老旧码头为游艇提供靠泊服务。

（三）加强法制建设转变行政职能

1. 加强制度建设，建立健全审批后监管制度，研究探索政府购买服务管理模式

继续推进告知承诺审批方式，完善行政审批标准化建设，加强行政审批业务系统的功能完善，配合“既受又理”改革，对业务信息系统作必要修改完善，确保行政审批业务的正常开展以及审批信息与批后监管信息的互联共享。强化执法监督以推进行政执法规范度和执行力。完善海事纠纷解决机制。推进信用体系建设，改进审判质效管理方式，引导审判工作公正、高效运行。加强审判组织建设，完善审判权运行机制。深化司法公开各项措施，主动接受各方监督。广泛学习先进经验，推动机制革新与方法创新。

2. 推进重点领域立法，加强法制宣传

做好《上海市内河通航安全管理办法》的制定调研，争取纳入 2014 年政府规章立法计划，将整治本市内河通航安全管理中的突出问题及对策措施上升为政府规章。加强对时效性差的法规修订，如《上海港口岸线管理办法》等实施多年以来，随着社会经济的不断变化，港口管理体制、有偿使用岸线资源和形式等已无法满足实际需求，可组织研究修改或将其纳入市政府五年立法规划。

3. 加强仲裁和法律服务职能的发展，在强化审判机关的司法职能的同时不断提升仲裁水平

行业部门应继续大力支持航运仲裁机构发展，如协助推广双方权利义务对等的标准化合同，在官方网站提供查询或认证等，从制度设计层面保障企业的合法权益，确保上海国际航运中心法制化建设有章可循，推动航运法律服务水平不断提高。

4. 加强法律后备人才培养，尤其是法官队伍和仲裁人员的培养

加强干部人事管理，营造有利于法院发展和个人成长的制度环境，着力打造廉洁过硬的

法院队伍。加强技能培训和人才培养,提高交通港航工作人员运用法治思维和法治方式解决问题的能力。做好仲裁员培训工作,加强仲裁员业务交流,充分尊重仲裁庭专家意见;做好仲裁程序管理,在认真总结与上海海事法院诉调对接成功经验的基础上,进一步提升海仲专家在海事争议解决中的影响力,努力提高办案质量。

(四)全面落实港口安全监管职责

继续加强日常安全监管,开展安全生产标准化建设,深化完善安全监管责任体系、制度体系、教育培训体系、标准化管理体系、事故追责体系和联动监管体系等六大体系建设,实现全过程监管。强化安全基础建设,加强行业应急管理。严格事故追责制度,开展各类专项行动进行整治,健全联动监管体系,形成监管的全过程和全覆盖。引入第三方力量,构建第三方平台,建立交通运输行业安全风险管理制度。以"共同投保、共同保障、共同控制、相互制衡"为原则,由保险公司、专业机构组成"共保体",由行业企业组成"共投体",降低风险事故发生的频率和损失。

在港口码头、引航、救捞、客货运等多领域继续加强安全生产监督和保障,提高防控风险能力和突发事件应急处理能力。切实解决工程施工安全的难点,正确把握工程质量的重点,有效控制过程环节的风险,达到转变政府职能和化解技术风险的统一。

(五)倡导港航节能绿色发展

1. 围绕资源节约型、环境友好型"两型"港口建设

力争完成轮胎式集装箱门式起重机"油改电",鼓励和推动靠港船舶使用岸电技术改造,开展苏州河"电电混合"游览船试点。研究建立和完善港口污染排放的监测与统计制度,鼓励和推动港口疏运车辆采用LNG等清洁能源,鼓励码头和船舶开展靠港船舶使用岸电技术改造。加大港口环境空气质量在线监测能力建设,探索建立交通港航污染物排放监控体系,积极开展外高桥港区环境监测网络建设试点工程。积极推广道路运输车辆实施清洁能源替代,鼓励集装箱运输车辆LNG试点和港区内集卡推广应用LNG车辆。

2. 进一步推进老旧船舶淘汰和更新,调控运力和船队发展

目前已经出台的《老旧运输船舶和单壳油轮提前报废更新实施方案》将对中国海运转型发展、优化船队结构、改善国内海运业低迷现状具有重要意义。建议行政管理部门继续督促国内各船公司加快淘汰老旧船运力,清理过剩运力;对拆解有困难的中小航运企业予以资金和政策上的扶持,进一步鼓励和引导航运企业加快船队结构调整,提高船舶技术水平,维持市场平稳健康发展。

(六)扶持民族产业应对国际市场冲击

1. 支持国有船队发展,积极应对班轮公司联盟化带来的新挑战

船舶大型化持续加速和班轮公司联盟扩散这两大趋势已对全球集装箱港口业带来显著影响,将刺激全球集装箱航线布局的调整,加强全球市场货源分配的集中度。虽然以三大国

际集装箱巨头为首的P3联盟被我国否决，但航运垄断经营的威胁仍然存在。我们应继续鼓励支持民族航运产业发展，加强对国内航运企业尤其是中小企业的支持，保持对P3联盟和国外货主垄断国家重要物资运输的意图的警惕，谨慎应对，全力保护我国航运企业和外贸货主的利益，减少对我国航运、港口及外贸等行业的不利影响。

2. 引导和支持航运衍生品市场健康发展，积极争取国际航运市场话语权

积极推进航运金融、保险、指数发布、运价交易、信息中心建设等航运衍生品市场的发展，进一步优化资源配置，在国际合作、产品创新、人才培养、信息共享等领域发挥积极作用，服务上海“两个中心”建设和自贸区建设。密切跟踪国内外航运市场变化趋势，加快政府行政管理部门职能转变，培育符合国际惯例的市场环境，积极成为政府监管市场的重要支撑，更好地引领上海国际航运中心在航运市场配置资源中发挥决定性作用。

3. 适当调整个税征收，向海运从业人员倾斜

希望国家及地方相关主管部门考虑航运企业的实际困难和航运物流企业的经营特点，支持航运企业可持续发展。对于从业人员尤其是海员，考虑到船员职业的特殊性和危险性，世界上多数航海国家如瑞典、新加坡等国对本国海员实行较大幅度的个人所得税减免优惠政策，建议参照国际上的通行做法，统一沿海与远洋船员的纳税标准，并给予船员个人所得税优惠待遇，减轻船员个人税赋。

（七）加强后备人才培养

应树立长远眼光，紧紧围绕交通港航发展全局，认真落实交通港航“十二五”人才发展规划，抓紧建设人才队伍，加强港航后备人才培养，广辟选贤之路，分层分类地培养和储备素质更加优良、数量更加充足、门类更加齐全、结构更加合理的优秀后备人才，积极推进交通港航行业专业技术人员和技能人员职业资格制度建设，建立完善航运人才评价体系。积极推行行业职业（工种）技能鉴定，为专业化、个性化人才发展提供服务，营造以人为本的成才环境，为港航事业的发展提供新的力量。

部分港航企事业单位

克拉克森航运经纪（集团）公司

克拉克森航运经纪（集团）公司（以下简称“克拉克森”）为遍布全球的客户提供一流的综合航运服务。全球1 033名员工分布在18个国家的42个代表处，用强有力的敬业和负责精神、精湛的专业知识和发达的人脉网络服务于客户。

航运经纪

克拉克森的航运经纪人团队作为直接订约的交易双方之间的中介机构，拥有卓越的专业知识、经验和管理架构，从而促成交易。具体来说，经纪人为货主和船舶所有人、二手船卖家和买家以及船厂和新造船买家牵线搭桥并取得联系。专家经纪人团队在所有的主要市场促成交易，其中包括集装箱、干散货（铁矿石、煤炭、粮食等）、深海油轮（化学品等）、液化石油气、液化天然气、海洋工程、石油化工气体、近海和特殊物品（汽车、工业设备等）市场上的租船和船舶买卖交易。经纪人带给客户关于市场机制和运作、供需、订单和贸易流通的第一手消息，具备洞悉市场发展趋势的资质，能够帮助客户做出更明智的决策。

金融服务

克拉克森同样提供一流的金融服务。开创了航运衍生品业务（FFA）的先河，并且还提供全套投资银行业务以及量身定制的融资解决方案。帮助客户识别和管理风险、进行基金交易以及促成更多原本通过传统手段无法达成的交易。

港口服务

港口服务团队可在英国和埃及地理位置优越的港口为船舶所有人、无船承租人和租家提供每周7天24小时不间断的最高级别支持。港口服务人员在协调靠泊、装卸、安排报关和入境业务等方面具有丰富的经验，提供高标准的服务。

研究服务

在英国和中国上海，研究团队的75名全职研究人员收集、验证、分析和管理广泛的数据，为航运业的决策者提供具有深度和广度的信息。开发业内领先的航运信息网络平台和世界船舶录网站，为客户提供印刷版本以及在线版本的各个航运领域的周报、月报并支持下载。此外，还为客户量身定制在金融、政府、保险、设备和造船行业的合约。迄今为止，研究部门已经为100余家公司的成功上市和债券发行提供数据和分析。

上海富华石油运输有限公司

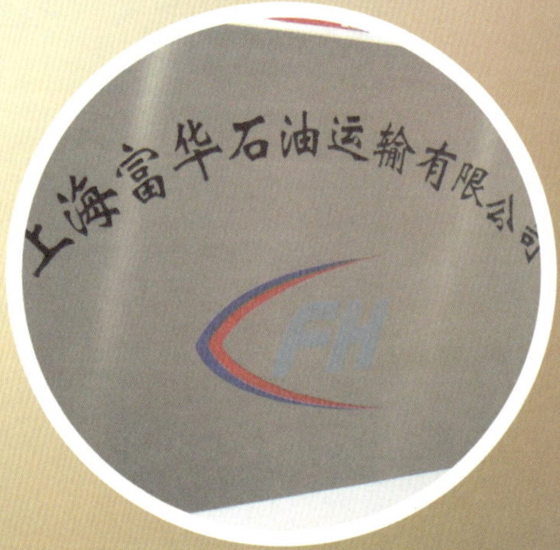

上海富华石油运输有限公司是专业从事长江中下游内河石油及其成品油运输的企业，成立于2005年4月。公司现有各类大小吨位的成品油运输船舶12艘,自有运力12 834 t；一次可承揽“几百至上万吨”不同需求的运量，已成为上海地区内河成品油水运行业较著名的企业，承担着华东地区几十万吨成品油的运输任务。公司下设运输部、船管部、财务部等多个管理部门。

上海富华石油运输有限公司秉承“服务第一、用户至上”的服务宗旨，追求“保质、保量、方便、快捷”的经营方针，按照“规范、严谨、诚信”的经营原则，实现“安全、环保、高效”的经营目标，坚持以人为本、面对市场，积极满足区域性客户的需求并服务社会。公司自2005年4月成立以来，内求稳定，外求发展，经过多年的市场锤炼，在经营和管理上都有了长足的进步和提高。目前公司主要为中国石化集团华东区域、中国铁路物资公司华东区域、东海石油华东区域和太仓阳鸿石化等企业承担成品油水路运输任务，在江、浙、沪、鄂等地区客户中树立了良好的信誉。

中国海事仲裁委员会上海分会

中国海事仲裁委员会上海分会成立于2003年1月，是拥有五十多年历史的中国海事仲裁委员会的组成部分。2009年1月，上海分会同时启用“上海海事仲裁院”名称，以进一步支持上海国际航运中心建设。上海分会可以独立受理海事仲裁案件，与北京总会使用同一仲裁规则和仲裁员名册。现行仲裁员名册有250余名仲裁员，四分之一是外籍和我国港澳台仲裁员，上海及周边地区的仲裁员有60余名。经过多年的开拓和发展，上海分会受理的案件数量逐步上升，目前每年受案量突破100件，占全国海事仲裁案件的80%以上；上海分会自成立以来共处理500余起案件，争议标的达人民币60多亿元，案件类型涉及船舶建造、船舶买卖、船舶融资租赁、租船、提单、货物运输、海上保险、船舶碰撞、物流、渔业等纠纷。

上海分会始终牢固树立服务意识，把当事人的利益放在首位，努力给予仲裁参与人良好的仲裁体验；先后设立海仲渔业争议解决中心、上海海事调解中心、江苏海事调解中心、安徽海事调解中心；与上海海事法院合作建立“委托调解”的诉调对接机制，在多元争议解决方面突破创新；坚持构建法律基础工作，召集专家编订并出版《标准航运合同系列（上海格式）》第一分册、第二分册；成功申办了在上海举办的、享有世界海事仲裁奥林匹克之称的第十九届国际海事仲裁员大会。

上海分会推荐如下标准仲裁条款，供当事人在合同中参考订立：“凡因本合同引起的或与本合同有关的任何争议，均应提交中国海事仲裁委员会上海分会，按照申请仲裁时该会现行有效的仲裁规则进行仲裁。仲裁裁决是终局的，对双方均有约束力。”

上海分会

地址：上海市浦东新区东方路710号汤臣金融大厦1301室

邮编：200122　电话：021-58200329　传真：021-50810965　网址：www.cmac.org.cn

金山城市沙滩

金山新城是金山区的政治、经济、文化中心，是上海市的滨海新城和环杭州湾北岸发展轴的核心节点城市。根据上海市人民政府2012年2月通过的《金山新城总体规划修改（2010—2020）》：规划至2020年，总规划用地面积60 km²，建设用地面积43 km²，人口40万。

“产城融合”是金山新城的活力之源。金山新城努力打造金山新城核心城区、都市型工业区、商务休闲度假区、石化硅谷区和商贸物流区五个功能区，努力拓展房地产业、现代服务业、滨海旅游业和港口产业四大产业。

“港城融合”是金山新城的重要特质。上海港杭州湾港区金山作业区规划岸线总长约9 km，陆域面积约13 km²，为具有临港工业功能和公共服务功能的综合性港区。根据规划，金山新城东部龙泉港西侧长约3 km港口岸线已调整为城市生活性岸线；龙泉港东侧长约5.3 km港口岸线保留为生产性岸线，规划建设公共港区和临港产业配套码头。

“滨海新城”是金山新城的一大亮点。作为上海市唯一的滨海新城，其拥有国家4A级旅游景区金山城市沙滩；7.2 km长的滨海美景，为上海市民打造唯一的滨海休闲娱乐度假场所；碧蓝澄澈的滨海游泳场成为上海乃至长三角市民休闲、游乐的绝佳去处。每年在这里举办的世界沙滩排球赛、风·夏音乐、城市沙滩啤酒节、上海国际音乐烟火之夜，已成为一张张金山滨海新城亮丽的城市文化名片。

自1997年4月，国务院批准金山撤县建区以来，金山新城已建成总建筑面积约26万m²的智能化、数字化行政办公商务区；30余个生态住宅小区，吸引了20余万城市居民入住。

金山新城教育园区、金山区文广中心、金山区体育馆、金山城市沙滩排球馆等的建成和投入使用，使金山的教育、文化、体育事业蓬勃发展；复旦大学附属金山医院、上海市公共卫生中心两家三级医院以及各类专业地段医院的建成和投入使用，使金山新城医疗卫生资源条件更加完善，设备更加先进；金山万达广场、红星国际广场等又一批地标性的生活服务业项目已开工建设，引领着金山新城现代生活服务业的快速发展；长三角第一条城际快铁——金山铁路的建成通车，使金山新城与上海中心城区同城效应快速突显；松卫南路、亭卫南路、金山大道等多条市政道路构筑了四横四纵的城市道路网络，提升了金山新城城市综合配套功能。

未来金山新城将整合道路和基础设施、绿化、岸线码头、体育、文化、旅游六大资源，凸显以低碳、生态、港口、体育、海派文化和旅游为六大特征的金山新城，彰显人与自然和谐发展。

金山文广中心

金山中央景观大道 滨水生态区